◎爱问法律百科系列丛书◎

丛书主编 · 严威

关注热点

简明易懂

法律思维

爱问
法律百科

房屋征收与补偿必知130问

申屠良瑜◎著

中国法制出版社
CHINA LEGAL PUBLISHING HOUSE

图书在版编目 (CIP) 数据

爱问法律百科 . 房屋征收与补偿必知 130 问 / 申屠良瑜著 . —北京：中国法制出版社，2020.11

ISBN 978-7-5216-1231-8

Ⅰ . ①爱…　Ⅱ . ①申…　Ⅲ . ①房屋拆迁－土地征用－补偿－中国－问题解答　Ⅳ . ① D920.5

中国版本图书馆 CIP 数据核字（2020）第 154537 号

责任编辑：王佩琳　熊林林　　　封面设计：李　宁

爱问法律百科：房屋征收与补偿必知 130 问

AIWEN FALÜ BAIKE：FANGWU ZHENGSHOU YU BUCHANG BIZHI 130 WEN

著者 / 申屠良瑜

经销 / 新华书店

印刷 / 三河市国英印务有限公司

开本 / 880 毫米 ×1230 毫米　32 开　　印张 / 7　字数 / 127 千

版次 / 2020 年 11 月第 1 版　　2020 年 11 月第 1 次印刷

中国法制出版社出版

书号 ISBN 978-7-5216-1231-8　　定价：28.00 元

北京西单横二条 2 号　邮政编码 100031　　传真：010-66031119

网址：http://www.zgfzs.com　　**编辑部电话：010-66066620**

市场营销部电话：010-66033393　　**邮购部电话：010-66033288**

（如有印装质量问题，请与本社印务部联系调换。电话：010-66032926）

目录

CONTENTS

第一章　房屋征收与补偿基础知识

第二章　房屋征收

第一节　房屋征收条件

第二节 房屋征收补偿方案

第三节 房屋征收范围

第三章　房屋征收补偿

第一节　房屋征收补偿范围

第二节　房屋征收补偿方式

第三节 房屋征收补偿协议

第四节 房屋征收搬迁

第四章　违法房屋征收与补偿的责任

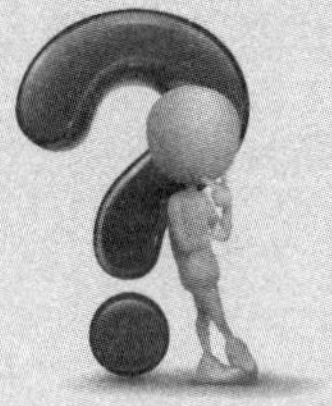

第一章

CHAPTER 1

房屋征收与补偿基础知识

1. 什么是房屋征收与补偿？

房屋征收与补偿是“房屋征收”与“房屋征收补偿”的合称。我国《宪法》第13条第3款规定，国家为了公共利益的需要，可以依照法律规定对公民的私有财产实行征收并给予补偿。《民法典》第243条第1款对《宪法》的上述规定予以了细化，明确了为了公共利益的需要，有关单位可以依照法律规定的权限和程序征收集体所有的土地和单位、个人的房屋及其他不动产。因此，“房屋征收”通常是指为了公共利益的需要，有关单位根据法律规定的权限和程序取得单位、个人房屋的所有权。而“房屋征收补偿”则是指为保障被征收房屋所有权人的合法权益，对被征收人给予的公平补偿，补偿方式可以是货币补偿、产权调换。广义的房屋征收与补偿包括国有土地上房屋的征收与补偿，以及集体土地上房屋的征收与补偿。狭义的房屋征收与补偿仅指国有土地上房屋的征收与补偿。

根据我国《土地管理法》第9条的规定，我国城市市区的土地属于国家所有。农村和城市郊区的土地，除由法律规定属于国家所有的以外，属于农民集体所有；宅基地和自留地、自留山，属于农民集体所有。基于此，房屋也被相应区分为国有土地上的房屋以及集体土地上的房屋。而对于两类房屋的征收与补偿也是不同的，有关单位可以直接对国有土地上的房屋予以征收，但无法对集体土地上的房屋进行征收，必须连同房屋所在的集体土地一并进行征收。国有土地上房屋征收与补偿主要由《国有土地上房屋征收与补偿条例》予以调整，集体土地及其所属房屋的征收与补偿目前主要由《土地管理法》予以调整。考虑到集体土地上房屋的征收与补偿一般包含在集体土地的征收补偿工作之中，一般所说的“房屋征收与补偿”是指国有土地上房屋征收与补偿。

2. 解决房屋征收与补偿纠纷，需要用到哪些法律?

国有土地上房屋征收与补偿适用的法律规范是多样的，主要的法律有《宪法》《民法典》《城市房地产管理法》《城乡规划法》《土地管理法》等；主要的行政法规则包括《国有土地上房屋征收与补偿条例》《城市房地产开发经营管理条例》等；部门规章则主要包括《国有土地上房屋征收评估办法》《房地产估价机构管理办法》等。其他的还包括一些地方性法规、地方政府规章以及各级人民政府出台的其他规范性文件和最高人民法院出台的一些司法解释，如《国务院办公厅关于进一步严格征地拆迁管理工作切实维护群众合法权益的紧急通知》《最高人民法院关于办理申请人民法院强制执行国有土地上房屋征收补偿决定案件若干问题的规定》。

上述法律规范中,《国有土地上房屋征收与补偿条例》是国有土地上房屋征收与补偿适用的最主要法律规范。《国有土地上房屋征收与补偿条例》于 2011 年 1 月 19 日由国务院第 141 次常务会议通过,在 2011 年 1 月 21 日公布并实施,它由五章共 35 条组成,明确了房屋征收中公共利益的范围、房屋征收单位的限定及职责、房屋征收的决定程序与房屋补偿的范围与程序,以及违法征收或补偿的法律责任等。

随着《国有土地上房屋征收与补偿条例》的公布实施,2001 年公布并实施的《城市房屋拆迁管理条例》同时废止,相关部门或个人不能再继续适用《城市房屋拆迁管理条例》进行国有土地上房屋征收与补偿工作。

3. 房屋征收“为了公共利益的需要”如何界定?

无论是《宪法》《民法典》《城市房地产管理法》还是《国有土地上房屋征收与补偿条例》,均规定了征收国有土地上单位、个人的房屋,应当以“公共利益的需要”为前提条件。而《国有土地上房屋征收与补偿条例》首次明确了“公共利益”的具体内容。

根据《国有土地上房屋征收与补偿条例》第8条的规定，为了保障国家安全、促进国民经济和社会发展等公共利益的需要，可以征收房屋。保障国家安全、促进国民经济和社会发展等公共利益的需要又可以具体细分为以下六个方面：（1）国防和外交的需要，主要指国防设施建设和使领馆建设；（2）由政府组织实施的能源、交通、水利等基础设施建设的需要，具体包括石油天然气设施、煤炭设施、电力设施、水利设施、铁路交通设施、公路交通设施、水路交通设施、民用机场设施等；（3）由政府组织实施的科技、教育、文化、卫生、体育、环境和资源保护、防灾减灾、文物保护、社会福利、市政公用等公共事业的需要，如建设博物馆、学校、体育馆等；（4）由政府组织实施的保障性安居工程建设的需要，一般指城市和国有工矿、林区、垦区、棚户区改造以及廉租住房、经济适用住房、限价商品住房、公共租赁住房等；（5）由政府依照城乡规划法有关规定组织实施的对危房集中、基础设施落后等地段进行旧城区改建的需要，但应在保护历史文化遗产和传统风貌的前提下有计划地推动房屋征收；（6）法律、行政法规规定的其他公共利益的需要，包括《土地管理法》《城市房地产管理法》《公益事业捐赠法》《测绘法》等中规定的公共利益的需要。

由于市、县级人民政府负责本行政区域的房屋征收与补偿工作，“公共利益的需要”也由市、县人民政府根据法律法规的规定予以判定，并应当在征收公告中进行说明。

4. 房屋征收与补偿如何实现公共利益与被征收人个人利益的统一？

在《国有土地上房屋征收与补偿条例》制定颁布前，部分地方政府为了城镇化建设、政绩需要，甚至为了满足一些企业的私欲，盲目征收国有土地上的房屋进行城市更新、商业开发，往往引发与房屋被征收群众的利益冲突，纠纷频频。为此，《国有土地上房屋征收与补偿条例》在制定之初，就明确了统筹兼顾工业化、城镇化建设和土地房屋被征收群众的利益，努力把公共利益同被征收人个人利益统一起来，是其制定的首要目标之一。为了实现公共利益与被征收人个人利益的统一，更主要的是保护被征收人的合法权益，《国有土地上房屋征收与补偿条例》（为表述方便，下文部分地方简称为“条例”）主要设置了如下五点内容：

（1）房屋征收与补偿主体方面，条例明确规定政府是房屋征收与补偿的主体，禁止建设单位参与征收，承担房屋征收与补偿具体工作的单位也不得以营利为目的。

（2）房屋征收范围方面，条例明确规定了确需征收房屋的各类建设活动应当符合国民经济和社会发展规划、土地利用总体规划、城乡规划和专项规划，保障性安居工程建设和旧城区改建还应当纳入市、县级国民经济和社会发展年度计划。

（3）房屋征收程序方面，条例规定房屋征收需遵循决策民主、程序正当、结果公开的原则，一方面，要求扩大公众参与程度，征收补偿方案要征求公众意见，因旧城区改建需要征收房屋，多数被征收人认为征收补偿方案不符合本条例规定的，政府还要组织听证会并修改方案；另一方面，政府作出房屋征收决定前，还应当进行社会稳定风险评估。

（4）征收补偿方面，条例规定对被征收人的补偿包括被征收房屋价值的补偿、搬迁与临时安置补偿、停产停业损失补偿和补助、奖励；对被征收房屋价值的补偿不得低于类似房地产的市场价格；对符合住房保障条件的被征收人除给予补偿外，政府还要优先给予住房保障。

（5）强制拆迁主体方面，条例取消了政府行政强制拆迁，被征收人超过规定期限不搬迁的，政府只能依法申请人民法院强制执行。

5. 房屋征收中的被征收人都有哪些？

根据《国有土地上房屋征收与补偿条例》第2条的规定，被征收人是指被征收房屋的所有权人，将房屋的用益物权人（依法对房屋享有除所有权外的占有、使用、收益权利的人）排除在外。根据法律规定及实践操作，房屋被征收人一般包括以下几种：

第一，私有房屋的所有权人。主要是指房屋产权证书上标明的所有权人。

第二，公有房屋的管理员。主要指产权属于国家，由政府机关或者事业单位代为管理的公有办公用房，此时政府机关及事业单位作为公有办公用房的管理员成为房屋的被征收人。

第三，公房承租人。公房承租人，是指与公房的所有权人或代管人签订了房屋租赁合同，依法履行合同约定的权利和义务，并依法取得公房租赁凭证的承租人。公房承租人在面临房屋征收补偿时，根据不同的情况，会有相应的补偿。征收时已购买公房的，将按照个人房产进行补偿；征收时未购买公房的，根据是直管公房还是自管公房进行不同处理；房屋征收时未出售公房的，也存在不同的处理方法。

第四，被征收房屋的代管人。代管分为国家代管和代理人代管，国家代管的对象是房屋所有权人下落不明且无合法的代管人或者房屋权属状况不明的私有房屋。代理人代管仅仅是一种民事代管，被征收人仍然是房屋的实际所有权人。我们所说的被征收房屋代管人仅指国家代管的情形。国家代管时行使代管职权的政府机关作为房屋被征收人。

6. 城中村改造是否适用《国有土地上房屋征收与补偿条例》？

城中村，顾名思义，是指在城市中的村落，它是在城市化进程中形成的一种特殊居民区。从狭义上说，城中村是指农村村落在城市化进程中，由于全部或大部分耕地被征用，农民转为居民后仍在原村落居住而演变成的居民区；从广义上说，城中村是指在城市高速发展的进程中，滞后于时代发展步伐、游离于现代城市管理之外、生活水平低下的居民区，在国外也被称为贫民窟。

城中村作为城市的一块“夹缝地”，存在着一系列的社会问题，如：（1）人口杂乱，城中村的人口由村民、市民和流动人口混合构成，人员成分复杂，治安形势严峻；（2）城市规划滞后，违法违章建筑相当集中，“一线天”“握手楼”“贴面楼”等情况严重，房屋密度高、采光通风条件差，村民居住环境差；（3）基础设施不完善，卫生条件太差，各种管线杂乱无章，排水排污不畅，垃圾成灾，街巷狭窄、拥挤，存在严重消防隐患；（4）土地使用存在诸多问题，宅基地、工业用地、商业用地相互交织，非法出租、转让、倒卖，管理混乱等。城中村不仅影响城市的美观，也阻碍城市化进程，制约着城市的发展，已成为困扰许多城市发展的顽疾。为此，我国多地均在大力推进城中村的改造工作。城中村改造，首要的便是确定适用的法律，能否适用《国有土地上房屋征收与补偿条例》，取决于城中村土地的性质。

根据我国《民法典》《土地管理法》的规定，城市的土地及法律规定属于国家所有的农村和城市郊区的土地，属于国家所有；农村和城市郊区的土地，除由法律规定属于国家所有的外，属于农民集体所有；宅基地和自留地、自留山，也属于集体所有。城中村在城市化不断推进的过程中，位于城区边缘而被划入城区，成为城市的一部分，其土地所有权混乱，大致存在三种不同的情况：（1）已“撤村建居”，土地被国家全部征用，农民不再享有集体土地所有权，村已经被城市完全包围，原农民已全部转为居民，只是保留着农村传统的生活习惯；（2）正在“撤村建居”，土地大部分被征用，土地所有权部分属于国家所有，部分属于集体所有，但原农民未转为居民；（3）尚未“撤村建居”，但已列入城市框架范围，土地全部仍属于集体所有。《国有土地上房屋征收与补偿条例》仅能适用于国有土地上的房屋征收补偿工作，因此，对于城中村改造而言，已“撤村建居”及正在“撤村建居”城中村的国有土地上房屋征收工作适用《国有土地上房屋征收与补偿条例》，而正在“撤村建居”与尚未“撤村建居”城中村的集体土地上房屋征收工作则不能适用《国有土地上房屋征收与补偿条例》，还是适用《土地管理法》。

7. 房屋征收与补偿需要遵循什么原则?

《国有土地上房屋征收与补偿条例》第 3 条规定，房屋征收与补偿应当遵循决策民主、程序正当、结果公开的原则。同时，第 2 条还规定了房屋征收应当对被征收人给予公平补偿。公平补偿、决策民主、程序正当、结果公开共同构成了房屋征收与补偿的基本原则。

第一，公平补偿原则。公平补偿原则一方面要求征收补偿要与被征收房屋价值相当，体现了公共利益与被征收人个人利益相统一；另一方面要求对全体被征收人适用统一的征收补偿标准，体现被征收人之间的公平。同时，对被征收房屋的补偿，应参照就近区位的新建商品房的价格，以被征收人在房屋被征收后居住条件、生活质量不降低为宜。

第二，决策民主原则。决策民主既要求人民政府内部房屋征收决策民主，也要求房屋征收应当有公众参与。人民政府内部决策民主主要体现在征收补偿方案的拟定中，根据条例第 10 条的规定，房屋征收部门拟定征收补偿方案后，要上报市、县人民政府；市、县人民政府在收到上报的征收补偿方案后，应当组织发展改革、城乡规划、国土资源、环境保护、文物保护、财政、建设等相关部门对征收补偿方案进行论证。而条例对于公众参与的规定是全面的，要求征收补偿方案应征求公众意见；因旧城区改建需要征收房屋，多数被征收人认为征收补偿方案不符合条例规定的，政府应当组织听证并修改方案；等等。

第三，程序正当原则。程序正当贯穿于条例的全文，如政府作出房屋征收决定前，应当进行社会稳定风险评估；房屋征收决定涉及被征收人数量较多的，应当经政府常务会议讨论决定；被征收人协商选定评估机构；被征收人对征收决定和补偿决定不服的，可以依法申请行政复议或者提起行政诉讼；审计机关应当加强审计；等等。

第四，结果公开原则。结果公开要求房屋征收补偿方案、房屋征收决定、房屋征收补偿决定、被征收房屋的调查结果和分户补偿情况等都应当公布。

8. 房地产开发商能否成为房屋征收与补偿的主体？

根据《城市房屋拆迁管理条例》（已失效）的规定，取得房屋拆迁许可证的单位就可以实施房屋拆迁工作。房地产开发商为获取某地块的土地使用权进行房地产开发，常常会在土地招拍挂前就参与到土地的一级开发中（一级开发指由政府或其委托的单位对一定范围内的城市国有土地、农村集体土地进行统一的征地、拆迁、安置、补偿，并建设适当的市政配套设施，使该范围内的土地达到“三通一平”“五通一平”等建设条件，再对土地进行有偿出让的过程）。而在实践中，由房地产开发商等建设单位进行房屋征收与补偿，因企业利益与被征收人个人利益间的矛盾，导致拆迁人与被征收人之间的冲突频发，并成为主要的社会不稳定源。

为此，2011年《国有土地上房屋征收与补偿条例》第4条、第5条明确规定市、县级人民政府负责本行政区域的房屋征收与补偿工作；市、县级人民政府确定的房屋征收部门组织实施本行政区域的房屋征收与补偿工作；房屋征收部门可以委托房屋征收实施单位承担房屋征收与补偿的具体工作，但房屋征收实施单位不得以营利为目的。就此，房地产开发商等营利性单位退出了房屋征收与补偿工作。

《国有土地上房屋征收与补偿条例》将房地产开发商等营利性单位排除出房屋征收与补偿的主体范围，明确只能由政府部门开展房屋征收与补偿工作，一方面减少了征收人与被征收人之间的利益矛盾，进而减少了房屋拆迁冲突与纠纷，有利于维护被征收人的合法权益；另一方面明确了房屋征收与补偿工作中的政府责任，一旦出现问题政府部门就要承担责任，有利于保障房屋征收与补偿工作的规范化，有助于保障房屋征收真正是为了公共利益的需要，并能实现房屋征收与补偿工作中公共利益与个人利益的统一。

9. 市、县级人民政府在房屋征收与补偿中有什么职责?

根据《国有土地上房屋征收与补偿条例》第 4 条的规定，市、县级人民政府负责本行政区域内的房屋征收与补偿工作。其中，市级人民政府包括直辖市以外的设区的市、直辖市所辖区、自治州人民政府等；县级人民政府，主要指不设区的市、市辖区（直辖市所辖区除外）、县、自治县人民政府等。

需要注意的是，根据我国的地方人民政府行政层级划分，市级人民政府行政层级高于县级人民政府，除直辖市外的设区的市与其市辖区都有房屋征收与补偿工作职权，两者之间权限如何划分，《国有土地上房屋征收与补偿条例》及其他全国性法律规范未作明确规定，通常由行政层级较高的设区的市人民政府确定。如《青岛市国有土地上房屋征收与补偿条例》就对青岛市与其所辖的区（市）在房屋征收与补偿方面的职权划分作了规定。

根据《国有土地上房屋征收与补偿条例》的规定，市、县级人民政府在房屋征收与补偿中的工作职责主要有以下几项：（1）确定房屋征收部门组织实施本行政区域的房屋征收与补偿工作；（2）作出房屋征收决定并公布；（3）组织有关部门对房屋征收补偿方案进行论证并予以公布，征求公众意见；（4）在因旧城区改建需要征收房屋、多数人不同意的情况下举行听证会；

（5）对房屋征收进行社会稳定风险评估；（6）制定房屋征收的补助和奖励办法；（7）组织有关部门对征收范围内未经登记的房屋进行调查、认证和处理等。

10.《国有土地上房屋征收与补偿条例》与《城市房屋拆迁管理条例》相比，有何进步？

2011 年 1 月《国有土地上房屋征收与补偿条例》颁布的同时，《城市房屋拆迁管理条例》被废止。《城市房屋拆迁管理条例》在立法目的上强调“加强对城市房屋拆迁的管理”“保障建设项目顺利进行”；《国有土地上房屋征收与补偿条例》则更加强调“维护公共利益”“保障被征收房屋所有权人的合法权益”。就具体内容而言，《国有土地上房屋征收与补偿条例》相比于《城市房屋拆迁管理条例》进步之处主要体现在以下四个方面：

第一，规定了只有为了特定公共利益的需要，才能征收单位、个人的房屋，同时明确了征收后要对被征收房屋所有权人给予公平补偿。

第二，首次明确规定了房屋征收与补偿的基本原则，用以指导房屋征收与补偿工作。根据《国有土地上房屋征收与补偿条例》第 3 条的规定，房屋征收与补偿应当遵循决策民主、程序正当、结果公开的原则。而《城市房屋拆迁管理条例》并无此类规定。

第三，在房屋征收与补偿的主体方面，《国有土地上房屋征收与补偿条例》规定房屋征收与补偿的主体只能是政府，而《城市房屋拆迁管理条例》规定只要取得拆迁许可证的单位就可以成为拆迁主体，实施房屋征收与补偿。从近几年的实践看，由于拆迁进度与建设单位的经济利益直接相关，容易造成拆迁人与被拆迁人矛盾激化。明确只能由政府部门组织房屋征收与补偿，能够有效避免拆迁矛盾的产生与激化，切实维护被征收人的利益。

第四，为了保障房屋被征收群众的利益，《国有土地上房屋征收与补偿条例》按照保证房屋被征收群众居住条件有改善、生活水平不降低的原则，规定了对被征收人的补偿包括：被征收房屋价值的补偿，因征收房屋造成的搬迁与临时安置的补偿，停产停业损失的补偿。市、县级人民政府应当制定补助和奖励办法，对被征收人给予补助和奖励。对被征收房屋价值的补偿，不得低于房屋征收决定公告之日被征收房屋类似房地产的市场价格，市场价格包含了土地使用权的价值，不低于市场价格就可以保证被征收人所得补偿在市场上能买到区位、面积、用途、结构相当的房屋。

11. 地方政府主管房屋征收的是哪个部门，具体有什么职责？

房屋征收部门是指市、县级人民政府确定的负责组织实施本行政区域的房屋征收与补偿工作的政府部门。不同地方房屋征收部门设置的形式有所差异，一般可分为两种情况：一种是市、县级人民政府专门设立一个房屋征收部门，如房屋征收办公室；另一种是不专门设立新的部门，而是在现有的部门中，一般是房地产管理部门或建设主管部门，确定一个部门作为房屋征收部门。

根据《国有土地上房屋征收与补偿条例》的规定，房屋征收部门的职责主要有如下几项：（1）委托房屋征收实施单位承担房屋征收与补偿的具体工作，并对房屋征收实施单位在委托范围内实施的房屋征收与补偿行为负责监督；（2）拟定房屋征收补偿方案，报市、县级人民政府；（3）对征收范围内房屋的权属、区位、用途、建筑面积等情况进行调查登记，并公布调查结果；（4）通知有关部门暂停办理房屋征收范围内的新建、改建、扩建房屋和改变房屋用途等相关手续；（5）与被征收人签订补偿协议；（6）与被征收人在征收补偿方案确定的签约期限内达不成补偿协议或者被征收房屋所有权人不明确的，报请相应的市、县级人民政府作出补偿决定；（7）依法建立房屋征收补偿档案，并将分户补偿情况在房屋征收范围内向被征收人公布等。

12. 房屋征收部门与房屋征收实施单位有什么关系？

根据《国有土地上房屋征收与补偿条例》第 4 条的规定，市、县级人民政府确定的房屋征收部门组织实施本行政区域的房屋征收与补偿工作。但是，房屋征收工作有大量的具体工作，房屋征收部门作为行政管理部门，受编制、人员、设施设备、技术条件等因素限制，很难承担大量的具体工作。同时，在多片区同时开展房屋征收与补偿工作时，房屋征收部门更是力不从心。为此，条例第5条规定了房屋征收部门可以委托房屋征收实施单位，承担房屋征收与补偿的具体工作。

根据条例第5条的规定，房屋征收部门与房屋征收实施单位之间是委托合同关系，双方通过签订委托合同，明确委托权限和范围以及双方的权利义务。房屋征收部门对房屋征收实施单位在委托范围内实施的房屋征收与补偿行为负责监督，并对其行为后果承担法律责任。

根据实践操作，房屋征收部门委托房屋征收实施单位承担的具体工作包括对征收范围内房屋的权属、区位、用途、建筑面积等情况进行调查登记，协助编制征收补偿方案，协助进行房屋征收与补偿方案的宣传、解释，与被征收人协商征收补偿的具体问题，组织对被征收房屋的拆除，等等。同时，房屋征收部门作为房屋征收与补偿具体工作的委托人，应当保证承担具体工作的房屋征收实施单位具有开展房屋征收与补偿具体工作的人力、设施设备、技术条件等，督促房屋征收实施单位熟悉掌握与征收补偿相关的政策法规，遵守职业道德，接受群众监督，规范征收行为，减少征收矛盾，保护被征收人的合法权益。

13. 房屋征收实施单位需要具备哪些条件？

房屋征收实施单位是指接受房屋征收部门委托，从事房屋征收与补偿具体工作，并按照委托合同约定在房屋征收与补偿具体工作中享有一定权利并承担相应义务的非营利性单位。房屋征收实施单位主要应当具备两个条件，一是具有承担房屋征收与补偿具体工作的能力，二是非营利性。其中第一项是基础条件，第二项是必备条件。

房屋征收部门将房屋征收与补偿的具体工作委托给房屋征收实施单位，一个重要的原因就在于房屋征收部门作为行政机关，缺乏开展相关工作的人力、设施设备、技术条件等，房屋征收实施单位为有效承接相关工作，就必须具有相关的人力、设施设备、技术条件。而这些仅是房屋征收实施单位所必需的硬件，它们同时还需要具备相应的软件，即相关工作人员必须熟悉掌握与征收补偿相关的法律、法规、政策以及其他业务知识，遵守职业道德，规范征收行为，减少与被征收人的矛盾纠纷，从而推动房屋征收与补偿工作的顺利开展。

但是，如果房屋征收实施单位是营利性单位，其营利需求与被征收人权益之间便天然地存在利益冲突，《国有土地上房屋征收与补偿条例》颁布前，土地建设单位作为拆迁人与被拆迁人矛盾频发正是双方利益冲突的表现。为此，在条例公开征求意见的过程中，众多意见认为受委托单位不能是开发商、建设单位以及一切与该项目有利益关系的单位，而应当是具有管理公共事务职能的组织，不能是营利性组织等。为此，条例明确规定了房屋征收实施单位不得以营利为目的，而其工作所需的经费由政府财政予以保障。在实践中，房屋征收实施单位一般为乡镇政府、街道办、房地产管理机构、政府专门组织的项目办、土地储备开发机构等非营利性单位。

14. 市、县级以上人民政府在房屋征收与补偿中有什么职责？

市、县级人民政府虽然全权负责本行政区域的房屋征收与补偿工作，但它们的工作并非不受监督，为保障市、县级人民政府在房屋征收与补偿工作中真正为实现公共利益，依法合理征收，《国有土地上房屋征收与补偿条例》第6条明确规定了上级人民政府应当加强对下级人民政府房屋征收与补偿工作的监督。在实际工作中，条例第6条所指的上级人民政府一般是指开展房屋征收与补偿工作的市、县级人民政府的直接上级，如市辖区开展房屋征收与补偿工作的，则该市辖区所在的市的政府为监督主体。

通常来说，上级人民政府对下级人民政府的层级监督，形式既包括主动进行的检查、考核和个案监督，也包括根据条例第7条的规定对各类组织和个人进行的举报核实、监督，以及被征收人根据条例第14条、第26条依法提起行政复议时通过处理行政复议进行的监督。上级人民政府在处理被征收人提起的行政复议时，主要依据《行政复议法》等法律法规的规定予以处理，被征收人对上级人民政府作出的复议决定不服的，可以向相关人民法院提起行政诉讼，上级人民政府与被提起行政复议的市、县级人民政府作为共同被告应诉。同时，根据条例第30条的规定，上级人民政府发现市、县级人民政府的房屋征收与补偿行为违反条例规定的，可以对有关工作人员责令改正、通报批评、依法给予行政处分，造成损失的，依法承担赔偿责任；必要时，也可以直接改变或者撤销市、县级人民政府作出的不适当的征收决定或者补偿决定。

15. 其他组织和个人如何监督房屋征收与补偿工作?

根据《国有土地上房屋征收与补偿条例》第7条第1款的规定，任何组织和个人对违反本条例规定的行为，都有权向有关人民政府、房屋征收部门和其他有关部门举报。

首先，就举报人而言，可以是任何组织和个人。一方面，作为举报人的组织既可以是非政府组织，包括企业、社会组织及其他组织，也可以是政府组织；另一方面，作为举报人的组织和个人并不需要与征收工作有利害关系，既可以是被征收人和利害关系人，如被征收人、被征收人的亲属、被征收房屋的承租人、被征收房屋的抵押权人、被征收人所负债务的债权人，也包括与征收工作没有利害关系的组织和个人。概括来说，任何组织和个人只要认为征收工作存在违反条例的情况，都可以举报。

其次，根据条例规定，举报接收人为有关人民政府、房屋征收部门和其他有关部门，具体包括作出征收决定的市、县级人民政府及其房屋征收部门和财政、国土资源、发展改革等其他相关部门以及审计、监察部门。上述部门在接到举报人的举报后，对举报应当及时核实、处理，并且在工作过程中应当对举报内容、举报人的信息等予以保密、保护。

最后，就举报的内容，总体而言为违反条例规定的行为，具体包括：（1）征收工作相关市、县级人民政府及其工作部门、所属工作人员的行为，如违反条例规定作出房屋征收决定、违反条例规定给予补偿，政府工作人员不履行工作职责、滥用职权、玩忽职守、徇私舞弊，贪污、挪用、私分、截留、拖欠征收补偿费用等；（2）参与房屋征收与补偿工作的其他组织及其工作人员违反条例规定的行为，如采取非法方式迫使被征收人搬迁，房屋评估机构出具虚假或者有重大差错的评估报告等；（3）被征收人违反条例规定的行为，如在房屋征收范围确定后在房屋征收范围内实施新建、扩建、改建房屋和改变房屋用途等不当增加补偿费用的行为等。

16. 国家监察机关如何监察房屋征收与补偿工作？

根据《国有土地上房屋征收与补偿条例》第 7 条第 2 款的规定，监察机关应当加强对参与房屋征收与补偿工作的政府和有关部门或者单位及其工作人员的监察。2018 年 3 月 11 日，第十三届全国人民代表大会第一次会议审议通过了宪法修正案，在《宪法》第 3 章“国家机构”中增加了第 7 节“监察委员会”，明确指出了“中华人民共和国各级监察委员会是国家的监察机关”。同届人大会议一并通过的国务院机构改革方案，将原监察部及国家预防腐败局并入国家监察委员会。自此，国家监察委员会成为我国唯一的监察机关。

根据第十三届全国人民代表大会第一次会议审议通过的《监察法》的规定，各级监察委员会是行使国家监察职能的专责机关，依照《监察法》对所有行使公权力的公职人员进行监察，调查职务违法和职务犯罪，开展廉政建设和反腐败工作，维护宪法和法律的尊严。在房屋征收补偿工作中，监察委员会依照

《监察法》与《国有土地上房屋征收与补偿条例》等法律法规对参与房屋征收与补偿工作的政府和有关部门或者单位及其工作人员履行监督、调查、处置职责：（1）对公职人员开展廉政教育，对其依法履职、秉公用权、廉洁从政从业以及道德操守情况进行监督检查。（2）对涉嫌贪污贿赂、滥用职权、玩忽职守、权力寻租、利益输送、徇私舞弊以及浪费国家资财等职务违法和职务犯罪行为进行调查。（3）对违法的公职人员依法作出政务处分决定；对履行职责不力、失职失责的领导人员进行问责；对涉嫌职务犯罪的，将调查结果移送人民检察院依法审查、提起公诉；向监察对象所在单位提出监察建议。

相较于原先的各级行政监察机关，在《监察法》的指导下，监察委员会不仅能对参与房屋征收与补偿工作的公务员开展监察工作，还能对在房屋征收补偿工作中依法履行公职的其他人员，如房屋征收实施单位中的工作人员以及协助房屋征收补偿工作的居委会管理人员开展监察工作。

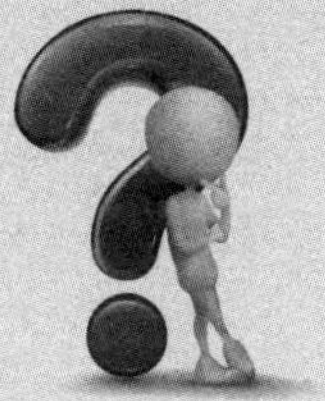

第二章

CHAPTER 2

房屋征收

第一节　房屋征收条件

17. 如何理解为了公共利益的需要，“确需”征收房屋？

《国有土地上房屋征收与补偿条例》征求意见时，“公共利益”条款曾表述为“为了公共利益的需要，县级以上地方人民政府征收房屋的，应当依照本条例的规定作出房屋征收决定”。条例正式颁布后则表述为“为了保障国家安全、促进国民经济和社会发展等公共利益的需要，有下列情形之一，确需征收房屋的，由市、县级人民政府作出房屋征收决定……”二者之间的区别，除后者明确列举了具体情形外，就是增加了“确需”二字。由此，公共利益的需要不是国家征收房屋的唯一正当理由，即只要存在公共利益，政府就可以征收国有土地上的房屋。公共利益应当是征收的必要条件，而不是充分条件。除此之外，还需要将征收房屋对被征收人合法权益、他人利益和公共利益分别带来的影响综合加以衡量。

“确需”可字面理解为确实需要。一方面，通过征收房屋，可以实现某一公共利益，如满足国防和外交的需要。另一方面，公共利益的需要只有通过实施房屋征收才能实现，这是一种较为极端的需要，即征收房屋是实现这一公共利益的必要条件，没有其他方式可以替代。能通过其他方式实现公共利益的则不属于确需。

为此，在判断是否“确需”征收房屋时应当遵循行政法上的比例原则，除为了公共利益的需要，并依法定程序进行外，还必须选择给相对人的权益造成损害最小的方式进行：首先，政府对房屋实行征收，确实可以实现政府希望实现的公共利益，如不能实现公共利益，政府不能以公共利益需要为由征收房屋；其次，政府对房屋实行征收是在可供选择的实现公共利益的多种途径中对公民、法人及其他组织的权益损害最小的，如果政府希望实现的公共利益可以通过征收之外的其他方式实现，应采用其他方式来实现公共利益，而不应当通过征收方式实现；最后，因征收而受到损害的个人和组织的利益不应当超过政府所要实现的公共利益，如果政府所要实现的公共利益小于征收给财产权人造成的损害，政府也就无征收财产的必要。政府应严格遵循上述原则实施房屋征收，不能以公共利益之名超范围征收，更不能假借公共利益之名行土地储备或商业开发之实。

18. 哪些情况下房屋会因建设用地使用权被收回而被征收？

根据我国《民法典》第356条规定，建设用地使用权转让、互换、出资或者赠与的，相应土地上建筑的房屋一并处分，也就是通常所说的“房随地走”。当国家收回建设用地使用权时，土地上的房屋依照“房随地走”的原则也会一并被国家征收。

根据《土地管理法》第58条、《民法典》第358条、《土地管理法实施条例》第7条等的规定，收回建设用地使用权的法定事由主要包括：（1）为公共利益需要使用土地的，如城市基础设施、公益事业建设，国家重点扶持的能源、交通、水利、矿山、军事设施等建设项目需要使用土地的；（2）为实施城市规划进行旧城区改建，需要调整使用土地的；（3）土地出让等有偿使用合同约定的使用期限届满，土地使用者未申请续期或者申请续期未获批准的；（4）因单位撤销、迁移等原因，停止使用原划拨的国有土地的；（5）公路、铁路、机场、矿场等经核准报废的。在上述情况下，因第（1）（2）项收回建设用地使用权的，不管是划拨土地还是未到期的出让土地，都需要对原土地使用权人给予适当补偿；因第（3）（4）（5）项收回建设用地使用权的，除非土地不再被投入使用，否则国家应当给予原土地使用权人补偿。上述土地上建有房屋的，房屋所有权人作为土地使用权人有权获得相应补偿。

除上述第（3）项因土地使用期限届满导致建设用地使用权被收回的情况外，因其他情形导致建设用地使用权被收回的，均涉及对用地单位、个人权利的剥夺，需要履行一定的程序，由有关人民政府土地行政主管部门报经原批准用地的人民政府或者有批准权的人民政府批准。

19. 房屋征收中“国防和外交的需要”如何界定？

根据《国防法》第2条等的规定，国防是指国家为防备和抵抗侵略，制止武装颠覆，保卫国家的主权、统一、领土完整和安全所进行的军事活动，以及与军事有关的政治、经济、外交、科技、教育等方面的活动。房屋征收中的“国防需要”主要指的是国防设施建设的需要。

根据原国土资源部《划拨用地目录》的规定，国防设施建设用地需要主要包括：（1）指挥机关、地面和地下的指挥工程、作战工程；（2）营区、训练场、试验场；（3）军用公路、铁路专用线、机场、港口、码头；（4）军用洞库、仓库、输电、输油、输气管线；（5）军用通信、通信线路、侦察、观测台站和测量、导航标志；（6）国防军品科研、试验设施；（7）其他军事设施建设需要。同时，一般情况下，以下非军事设施用地不能认为是国防需要，不宜通过征收方式实现：（1）企业化工厂设施用地；（2）部队列编农场、部队自办农场用地；（3）军马场用地；（4）生产经营的商店、招待所、宾馆、业务生产用地。

外交是指一个国家在国际关系方面的活动，如参加国际组织和会议，跟别的国家互派使节、进行谈判、签订条约和协定等。房屋征收中的“外交需要”主要是指国家给外国政府及国际组织驻华使领馆、办事处提供办公用地需要。

20. 由政府组织实施的能源、交通、水利等基础设施建设的需要如何界定？

一般来说，基础设施是指为社会生产和居民生活进行公共服务的工程设施，是保证国家或地区社会经济活动正常进行的公共服务系统。

能源设施是指服务于煤炭、石油、天然气、生物质能和电力、热力以及其他直接或者通过加工、转换而取得有用能的各种资源的设施；交通设施是指服务于公路交通、水路交通、铁路交通、航空等的设施，除相关道路外，还包括服务于交通的车站、码头、机场等；水利设施则是指服务于防洪、除涝、灌溉、发电、供水、围垦等水利需要的水利工程。

根据原国土资源部《划拨用地目录》的规定，能源、交通、水利等基础设施主要包括石油天然气设施、煤炭设施、电力设施、水利设施、铁路交通设施、公路交通设施、水路交通设施、民用机场设施等。其中，与国有土地上房屋征收关系最为密切的是公路交通设施，主要包括以下5种可能的设施：（1）公路线路、桥梁、交叉工程、隧道和渡口；（2）公路通信、监控、安全设施；（3）高速公路服务区（区内经营性用地除外）；（4）公路养护道班（工区）；（5）公路线路用地界外设置的公路防护、排水、防洪、防雪、防波、防风沙设施及公路环境保护、监测设施。

在具体实践中，建设石油天然气设施、煤炭设施等是否《国有土地上房屋征收与补偿条例》中所规定的"由政府组织实施的能源、交通、水利等基础设施建设的需要"，仍需要结合实际情况判断，不能因建设石油天然气设施、煤炭设施等就直接认定。

21. 房屋征收是否要征得被征收人的同意？

根据《国有土地上房屋征收与补偿条例》第8条的规定，为了保障国家安全、促进国民经济和社会发展等公共利益的需要，确需征收房屋的，由市、县级人民政府作出房屋征收决定。从本条条文意思理解，只要因公共利益确需征收房屋的，市、县级人民政府即可作出房屋征收决定，而不需询问被征收人的意愿，征得其同意。但是，无论是从《国有土地上房屋征收与补偿条例》确定的房屋征收补偿工作的基本原则，还是从后续的条款内容中，都可以看出，房屋征收必须征得被征收人的同意。

首先，从房屋征收补偿工作的基本原则看，房屋征收必须遵循决策民主、程序正当的原则，这一原则贯穿于房屋征收补偿的全过程，房屋征收决定作为房屋征收补偿工作的开始，更要遵循该原则。房屋征收是对被征收人居住权的根本剥夺，必须依照法律规定的正当程序，尊重其意愿。

其次，从条例后续条款内容看，房屋征收也必须征得被征收人的同意。如条例第 10 条规定，市、县级人民政府必须对征收补偿方案进行公布、征求公众意见；又如条例第 11 条规定，因旧城区改建需要征收房屋，多数被征收人认为征收补偿方案不符合本条例规定的，市、县级人民政府应当组织由被征收人和公众代表参加的听证会。虽然条例没有明确规定，但如果征收补偿方案在征求意见、听证过程中遭到多数的被征收人反对，经修改后仍如此的，相应的市、县级人民政府就不应该再作出征收决定。否则，一方面征收过程中矛盾、纠纷将频发，另一方面征收是否确实符合公共利益的需要也有待衡量。

最后，从一些地方规定看，房屋征收也需要征得被征收人的同意。如《上海市国有土地上房屋征收与补偿实施细则》第

12 条规定："因旧城区改建房屋征收范围确定后，房屋征收部门应当组织征询被征收人、公有房屋承租人的改建意愿；有 90% 以上的被征收人、公有房屋承租人同意的，方可进行旧城区改建。"又如《长春市国有土地上房屋征收与补偿暂行办法》第 9 条规定："依照本办法第八条规定，确需征收房屋的各项建设活动，应当符合国民经济和社会发展规划、土地利用总体规划、城乡规划和专项规划。保障性安居工程建设、旧城区改建，应当纳入市、区国民经济和社会发展年度计划。对旧城区改建需要征收房屋的，房屋征收部门应当征求被征收人意见，90% 以上的被征收人同意的，旧城区改建方可纳入市、区国民经济和社会发展年度计划。市房屋征收部门应当编制全市年度房屋征收计划，报市人民政府批准。"

22. 房屋被征收后房屋所在土地使用权怎么处理？

我国法律对土地及附着于土地之上的房屋采取的是房地一体主义原则，即房地不可分割，对房屋所有权和土地使用权的处分应当同时进行，也就是俗称的"房随地走、地随房走"。房地一体主义普遍规定于我国各项相关法律中，如《民法典》第 356 条、第 357 条规定，建设用地使用权转让、互换、出资或者赠与的，附着于该土地上的建筑物、构筑物及其附属设施一并处分；建筑物、构筑物及其附属设施转让、互换、出资或者赠与的，该建筑物、构筑物及其附属设施占用范围内的建设用地使用权一并处分。《城市房地产管理法》也有着类似的规定，该法第 32 条规定了房地产转让、抵押时，房屋的所有权和该房屋占用范围内的土地使用权同时转让、抵押。为了与有关法律法规的规定保持一致，《国有土地上房屋征收与补偿条例》同样采取了房地一体主义，条例第 13 条明确规定，房屋被依法征收的，国有土地使用权同时收回。

23. 房屋征收决定应当包括哪些内容？

《国有土地上房屋征收与补偿条例》虽然没有明确规定房屋征收决定应当包括哪些内容，但结合条例的具体规定以及实践做法，房屋征收决定一般包括正文及附件两部分。

正文是房屋征收决定的主体，是对房屋征收主要内容的说明。一般来说，房屋征收决定的正文应当包括以下内容：（1）房屋征收的依据，包括事实依据和法律依据。事实依据主要说明房屋征收决定是基于哪项公共利益的需要作出的，应当具体准确。事实依据还应当说明国民经济和社会发展规划、土地利用总体规划、城乡规划和专项规划及市、县级国民经济和社会发展年度计划等情况。法律依据是指《国有土地上房屋征收与补偿条例》等相关的法律、行政法规、地方性法规、地方规章和部门规章等，具体根据征收项目的实际情况确定。（2）征收范围，这方面应当包括“四至”、面积等，有条件的应当具体到门牌号码、楼号等。（3）征收部门，包括房屋征收部门的名称、地址、联系电话、联系人等。（4）征收实施单位，包括房屋征收实施单位的名称、地址、联系电话、联系人等。（5）不服房屋征收决定的救济途径，即被征收人不服房屋征收决定的，可以在房屋征收决定公告之日起60日内向上一级人民政府申请行政复议，也可以在房屋征收决定公告之日起3个月内向人民法院起诉。（6）其他事项，比如签约期限、不得实施不当增加补偿费用的行为等。

附件是对正文某一内容的补充说明、解释，如房屋征收补偿方案、房屋征收红线图、被征收房屋的门牌号码、安置房情况等。

24. 市、县级人民政府能否在同一征收决定中同时征收国有土地上的房屋和集体土地?

国有土地上房屋的征收与集体土地的征收，在征收对象、征收主体、征收程序以及所适用的法律等方面均存在明显区别，不能在同一征收程序中既征收国有土地上的房屋，又征收集体土地。

二者的区别表现在以下几个方面：

（1）从征收对象看，前者的征收对象是国有土地上的房屋，国有土地使用权与房屋一起征收；后者的征收对象是集体土地，土地上的房屋则随着集体土地一并征收。

（2）从征收主体及实施主体看，国有土地上房屋的征收，由市、县级人民政府根据法定程序作出征收决定，由市、县级人民政府确定的房屋征收部门组织实施具体的征收与补偿工作；而征收集体土地，需要省、自治区、直辖市人民政府甚至国务院批准，由市、县级以上人民政府予以公告并组织实施。

（3）从征收程序看，由于涉及土地用途的变更以及耕地保护等问题，在征收集体土地时，在办理征地审批手续之前，原则上应当先行办理农用地转用审批，国务院或者省、自治区、直辖市人民政府批准农用地转用的，同时办理征地审批手续。而国有土地上房屋的征收，因本身就属于国有土地，不存在农用地转用及审批的问题。

（4）从法律依据看，前者主要依据《国有土地上房屋征收与补偿条例》进行；而后者的法律依据则是《土地管理法》。

25. 房屋征收相关建设活动有什么限制？

保障国家安全、促进国民经济和社会发展等公共利益的需要，是房屋征收的必要条件。而各类国家规划，就是对国民经济和社会发展等公共利益的科学安排与长远谋划，因此，国有土地上房屋征收及后续建设活动就必须符合各类规划的要求。根据《国有土地上房屋征收与补偿条例》第9条的规定，房屋征收相关建设活动需符合国民经济和社会发展规划、土地利用总体规划、城乡规划和专项规划；保障性安居工程建设、旧城区改建，应当纳入市、县级国民经济和社会发展年度计划。

（1）国民经济和社会发展规划是指国家各级人民政府对一定时期内本行政区内国民经济的主要活动、科学技术、教育事业和社会发展所作的规划和安排，是指导经济和社会发展的纲领性文件。条例第9条中的国民经济和社会发展规划一般是指房屋征收工作所在的市、县级行政区内的国民经济和社会发展年度计划。

（2）土地利用总体规划是在一定区域内，根据国家社会经济可持续发展的要求和当地自然、经济、社会条件，对土地的开发、利用、治理、保护在空间上、时间上所作的总体安排和布局，是国家实行土地用途管制的基础。根据《土地管理法》第15条的规定，各级人民政府应当依据国民经济和社会发展规划、国土整治和资源环境保护的要求、土地供给能力以及各项建设对土地的需求，组织编制土地利用总体规划。

（3）城乡规划是指各级人民政府为协调城乡空间布局，改善人居环境，集约高效合理利用城乡土地，促进城乡经济社会全面科学协调可持续发展所作出的规划。根据《城乡规划法》

的规定，城乡规划包括城镇体系规划、城市规划、镇规划、乡规划和村庄规划；城市规划、镇规划分为总体规划和详细规划；详细规划分为控制性详细规划和修建性详细规划。

（4）专项规划则是针对国民经济和社会发展的重点领域和薄弱环节、关系全局的重大问题编制的规划，是总体规划的若干主要方面、重点领域的展开、深化和具体化。

26. 城乡规划由哪些部分组成？

城乡规划作为各级人民政府为协调城乡空间布局，改善人居环境，集约高效合理利用城乡土地，促进城乡经济社会全面科学协调可持续发展所作出的规划，国有土地上房屋征收及后续建设活动必须遵守，尤其是对危房集中、基础设施落后等地段进行旧城区改建、城市更新工作就更加需要符合城乡规划。了解城乡规划，对于被征收人维护自身合法权益有一定的必要性。

根据《城乡规划法》第2条的规定，城乡规划包括城镇体系规划、城市规划、镇规划、乡规划和村庄规划。城市规划、镇规划分为总体规划和详细规划；详细规划分为控制性详细规划和修建性详细规划。规划区，是指城市、镇和村庄的建成区以及因城乡建设和发展需要，必须实行规划控制的区域。规划区的具体范围由有关人民政府在组织编制的城市总体规划、镇总体规划、乡规划和村庄规划中，根据城乡经济社会发展水平和统筹城乡发展的需要划定。

上述各项具体的城乡规划中，城镇体系规划是指一定地域范围内，以区域生产力合理布局和城镇职能分工为依据，确定不同人口规模等级和职能分工的城镇的分布和发展规划。城镇体系规划是政府综合协调辖区内城镇发展和空间资源配置的依据和手段。全国城镇体系规划由国务院城乡规划主管部门报国务院审批。省、自治区人民政府组织编制省域城镇体系规划，报国务院审批。省域城镇体系规划的内容应当包括：城镇空间布局和规模控制，重大基础设施的布局，为保护生态环境、资源等需要严格控制的区域。

城市规划是指对一定时期内城市的经济和社会发展、土地利用、空间布局以及各项建设的综合部署、具体安排和实施措施。城市规划在指导城市有序发展、提高建设和管理水平等方面发挥着重要的先导和统筹作用。城市规划分为总体规划和详细规划。详细规划又分为控制性详细规划和修建性详细规划。

镇规划与城市规划相对应，是指一定时期内镇的经济和社会发展、土地利用、空间布局以及各项建设的综合部署、具体安排和实施措施。镇规划同样可分为总体规划和详细规划，镇的详细规划分为控制性详细规划和修建性详细规划。

乡规划、村庄规划分别是指对一定时期内乡、村庄的经济和社会发展、土地利用、空间布局以及各项建设的综合部署、具体安排和实施措施。乡规划和村庄规划是做好农村地区各项建设工作的先导和基础，是各项建设管理工作的基本依据，对改变农村落后面貌、规范乡村无序建设，推进社会主义新农村建设事业具有重要的意义。

27. 城市规划对城市发展有什么作用？

总体而言，城市规划在指导城市有序发展、提高建设和管理水平等方面发挥着重要的先导和统筹作用。

城市总体规划，作为对一定时期内城市的性质、发展目标、发展规模、土地利用、空间布局以及各项建设的综合部署、具体安排和实施措施，是引导和调控城市建设，保护和管理城市空间资源的重要依据和手段。经法定程序批准的城市总体规划，是编制近期建设规划、详细规划、专项规划和实施城市规划行政管理的法定依据。各类涉及城乡发展和建设的行业发展规划，都应当符合城市总体规划的要求。目前，城市总体规划已经成为指导与调控城市发展建设的重要公共政策之一。城市详细规划，作为以城市的总体规划为依据，对一定时期内城市的局部地区的土地利用、空间布局和建设用地所作的具体安排和设计，是确定城市建设地区的土地使用性质和使用强度的控制指标、道路和工程管线控制性位置以及空间环境控制的具体规划要求。控制性详细规划是引导和控制城镇建设发展最直接的法定依据，是具体落实城市总体规划各项战略部署、原则要求和规划内容的关键环节。为此，要根据各阶段城镇新区开发和旧城改造的重点，分区域、分阶段开展控制性详细规划的编制工作。城市修建性详细规划，是指以城市的总体规划或控制性详细规划为依据，制定用以指导城市各项建筑和工程设施及其施工的规划设计。对于城市内当前要建设的地区，应当编制修建性详细规划。基于上述要求，修建性详细规划应当是具体的、可操作的规划。

为了贯彻落实城市总体规划，城市人民政府在城市总体规划制定工作完成后，还应当根据城市总体规划、土地利用总体规划和年度计划以及国民经济和社会发展规划，从本地实际出发，制定城市近期建设规划，以加强对城市详细规划制定工作的指导和控制。城市近期建设规划，是对城市的重要基础设施、公共服务设施和中低收入居民住房建设以及生态环境保护等重点内容作出的安排，以及对近期城市建设的时序、发展方向和空间布局的确定。

征收国有土地上的房屋，归根到底是为了满足公共利益的需求进行后续的建设活动。无论是新建基础设施、公用事业、保障性安居工作，还是进行旧城改造、城市更新，都必须符合城乡规划，帮助实现城市发展的目的。

28. 土地利用总体规划如何编制?

对于房屋征收部门来说，了解土地利用总体规划的编制，有助于科学规划国有土地上房屋征收工作，使得房屋征收及后续土地再利用更加符合社会经济发展需求。而对于被征收人来说，了解土地利用总体规划的编制，更有助于明白房屋被征收的必要性，减少抵抗性，有助于有序推进房屋征收工作。《土地管理法》第 15 条至第 20 条对土地利用总体规划的编制作出了较为明确的规定。

第一，在编制主体方面，根据《土地管理法》第 15 条的规定，各级人民政府负责组织本行政区划内的土地利用总体规划编制工作。

第二，在编制权限方面，根据《土地管理法》第 16 条的规定，下级人民政府编制的土地利用总体规划应当依据上一级人民政府编制的土地利用总体规划。同时，地方各级人民政府编制的土地利用总体规划中的建设用地总量不得超过上一级土地利用总体规划确定的控制指标；为保护基本耕地，省、自治区、直辖市人民政府编制的土地利用总体规划需确保本行政区域内耕地总量不减少，地方各级人民政府编制的土地利用总体规划中的耕地保有量不得低于上一级土地利用总体规划确定的控制指标。

第三，在编制原则方面，根据《土地管理法》第17条的规定，土地利用总体规划应当按照下列原则编制：(1)落实国土空间开发保护要求，严格土地用途管制；(2)严格保护永久基本农田，严格控制非农业建设占用农用地；(3)提高土地节约集约利用水平；(4)统筹安排城乡生产、生活、生态用地，满足乡村产业和基础设施用地合理需求，促进城乡融合发展；(5)保护和改善生态环境，保障土地的可持续利用；(6)占用耕地与开发复垦耕地数量平衡、质量相当。

第四，在编制要求方面，《土地管理法》第19条规定，县级人民政府编制的土地利用总体规划应当划分土地利用区，明确土地用途；乡镇土地利用总体规划应当划分土地利用区，根据土地使用条件，确定每一块土地的用途，并予以公告。

第五，在规划核准程序方面，土地利用总体规划实行分级审批制度：(1)省、自治区、直辖市的土地利用总体规划报国务院批准；(2)省、自治区人民政府所在地的市、人口在100万以上的城市以及国务院指定的城市的土地利用总体规划，经省、自治区人民政府审查同意后，报国务院批准；(3)其他各级人民政府编制的土地利用总体规划，逐级上报省、自治区、直辖市人民政府批准，但乡镇土地利用总体规划可以由省级人民政府授权的设区的市、自治州人民政府批准。土地利用总体规划一经批准，必须严格执行。

应当注意的是，《中共中央、国务院关于建立国土空间规划体系并监督实施的若干意见》于2019年5月10日印发，其中明确提出为减少现有规划类型过多、内容重叠冲突，审批流程复杂、周期过长，地方规划朝令夕改等问题，要推动"多规合一"，将主体功能区规划、土地利用规划、城乡规划等空间规划融合为统一的国土空间规划，以国土空间规划作为未来国家空间发展的指南、可持续发展的空间蓝图。《土地管理法》为落实上述意见，在第18条第2款规定了"……已经编制国土空间规划的，不再编制土地利用总体规划和城乡规划"。因此，若所在地区已经编制了国土空间规划的，就不再需要编制土地利用总体规划。

29. 专项规划具体是指哪些规划？

专项规划是指以国民经济和社会发展特定领域为对象编制的规划，是总体规划在特定领域的细化，也是政府指导该领域发展以及审批、核准重大项目，安排政府投资和财政支出预算，制定特定领域相关政策的依据。国有土地上房屋征收与后续建设工作要符合专项规划的要求，就是要求房屋征收与专项建设工作相统筹、不冲突，相辅相成共同推动城市发展。

根据《国家级专项规划管理暂行办法》的规定，关系国民经济和社会发展全局、需要国务院审批或者核准重大项目以及安排国家投资数额较大的国家级专项规划，由国务院审批；其他国家级专项规划由国务院有关部门批准，报国务院备案。《国有土地上房屋征收与补偿条例》中的专项规划与国民经济和社会发展规划、土地利用总体规划、城乡规划之间属于并列关系，不仅包括国民经济和社会发展规划、土地利用总体规划、城乡规划中的专项规划，也包括三者之外的专项规划。专项规划种类较多，有气象设施建设规划、环境保护规划、放射性固体废物处置场所选址规划、防洪规划、消防规划、防震减灾规划、铁路发展规划、公路规划、港口规划、人民防空工程建设规划、城市道路发展规划等。对于专项规划制定的规定，主要分散于各类专项立法中，如《海岛保护法》规定沿海直辖市人民政府应当组织编制本行政区域内海岛保护专项规划。

专项规划作为对国民经济和社会发展的重点领域和薄弱环节、关系全局的重大问题的具体展开、深化和具体化，除应当满足专项问题科学合理发展的需要外，还应当与国民经济和社会发展规划、土地利用总体规划、城乡规划相互协调，同时需满足其他一些特定要求。如《环境影响评价法》规定国务院有关部门、设区的市级以上地方人民政府及其有关部门，对其组织编制的工业、农业、畜牧业、林业、能源、水利、交通、城市建设、旅游、自然资源开发的有关专项规划，应当在该专项规划草案上报审批前，组织进行环境影响评价，并向审批该专项规划的机关提出环境影响报告书。

30. 保障性安居工程主要有哪些？

根据《国有土地上房屋征收与补偿条例》第8条的规定，如政府组织实施的保障性安居工程建设确有需要的，可以征收国有土地上的房屋。保障性安居工程，作为国家实现“居者有其屋”的重要民生工程，必须保证其土地供应，在必要时可以征收国有土地上的房屋。

保障性安居工程主要包括三类。第一类是保障性住房建设，包括廉租住房建设、经济适用房建设、公共租赁住房建设、限价商品住房建设；第二类是棚户区改造，包括城市棚户区改造、国有工矿棚户区改造、林区棚户区改造、垦区棚户区改造和煤矿棚户区改造；第三类是农村危房改造和游牧民族定居工程。国有土地上房屋征收工作可能涉及的主要是第一类保障性住房建设，即廉租住房建设、经济适用房建设、公共租赁住房建设、限价商品住房建设。

廉租住房是指政府以租金补贴或实物配租的方式，向符合城镇居民最低生活保障标准且住房困难的家庭提供社会保障性质的住房。廉租房的分配形式以租金补贴为主，实物配租和租金减免为辅。廉租房由政府或机构拥有，用政府核定的低租金租赁给低收入家庭，低收入家庭对廉租住房并没有产权。

经济适用房是指政府以划拨方式提供土地，免收城市基础设施配套费等各种行政事业性收费和政府性基金，实行税收优惠政策，以政府指导价出售给有一定支付能力的低收入住房困难家庭的住房。有别于一般商品房，经济适用房具有经济性、保障性、实用性，是具有社会保障性质的商品住宅。

公共租赁住房是指由国家提供政策支持、限定建设标准和租金水平，面向符合规定条件的城镇中等偏下收入住房困难家庭、新进就业无房职工和在城镇稳定就业的外来务工人员出租的保障性住房。

限价商品房是指政府为解决中低收入家庭的住房困难，按照“以房价定地价”的原则，在土地挂牌出让时就限定房屋价格、建设标准、销售对象，开发商只能按照土地出让文件规定的房价、户型、销售对象进行销售的商品房。限价商品房本质上仍是商品房，符合购房条件的中低收入家庭购入限价商品房后能够依法取得房屋产权，但在房屋转让时依法受限。

第二节 房屋征收补偿方案

31. 房屋征收补偿方案包括哪些内容？

房屋征收补偿方案作为房屋征收的纲领性文件，其内容应当涵盖房屋征收补偿工作的全过程，包括房屋征收与征收补偿两大方面。具体而言，房屋征收补偿方案应当包括以下8个方面：

第一，房屋征收补偿的依据。房屋征收作为行政行为，应当遵循依法行政原则，必须明确释明房屋征收补偿的法律依据。征收补偿相关的法律法规规章主要有《宪法》《民法典》《房地产管理法》《土地管理法》《城乡规划法》《国有土地上房屋征收与补偿条例》《国有土地上房屋征收评估办法》等。此外，还必须说明适用的地方法规、地方规章、其他相关的规范性文件。

第二，补偿安置原则。补偿安置原则是征收补偿安置的基本准则。任何补偿方案都不可能做到面面俱到，对于补偿方案未涉及或有争议的部分，可用这些原则来弥补。根据《国有土地上房屋征收与补偿条例》的规定，补偿安置原则包括决策民主原则、程序正当原则、结果公开原则和公平补偿原则。

第三，征收范围。征收范围是指纳入征收的具体对象，包括房屋、构筑物、附属物、其他设施等。具体内容包括地理上的“四至”界定，具体的楼号、门牌号码等。有时，“四至”并不能准确反映被征收对象，范围内可能有非征收对象。表现形式还可以是用地红线图。

第四，征收补偿对象。《国有土地上房屋征收与补偿条例》规定，征收补偿只针对被征收人。被征收人指被征收房屋的所有权人。被征收房屋的使用人、承租人等不是征收补偿对象。

第五，补偿安置方式。《国有土地上房屋征收与补偿条例》规定的补偿方式原则上有两种：货币补偿和产权调换，且对于两种方式被征收人有主动的选择权。在协商一致的情况下，也可以采取货币补偿和产权调换相结合的方式。

第六，补偿标准。房屋征收中除对被征收房屋价值进行补偿外，还涉及因征收房屋造成的搬迁、临时安置、停产停业的补偿。符合补助条件的，还应当给予相应的补助。被征收房屋价值的补偿标准，包括货币补偿的标准和产权调换的标准。搬迁费的标准可结合当地的搬迁价格确定。临时安置包括支付临时安置费和提供周转房。临时安置费可结合当地的房屋租金价格确定。周转房标准包括周转房面积、周转时间等。停产停业损失的补偿标准，根据房屋被征收前的效益、停产停业期限等因素确定。

第七，安置房情况。对于安置房应明确：安置房的性质是商品房、经济适用房还是限价房；安置房的地点是在改建地段、就近地段还是其他地段；安置房根据交付时间是现房还是期房等。此外，还应当提供每套安置房的详细情况：楼号、楼层、朝向、面积等，以及安置房的建设手续、产权登记手续等情况。

第八，奖励办法。《国有土地上房屋征收与补偿条例》规定政府应当制定奖励办法，奖励被征收人，但对于具体如何奖励则没有规定标准。实践中主要有提前签约奖、提前搬家奖等。

32. 房屋征收补偿方案的拟定程序是怎样的？

《国有土地上房屋征收与补偿条例》第 10 条对房屋征收补偿方案的拟定程序作出了规定：房屋征收部门拟定征收补偿方案，报市、县级人民政府；市、县级人民政府应当组织有关部门对征收补偿方案进行论证并予以公布，征求公众意见。

房屋征收部门应当在拟定房屋征收补偿方案前，自行或者委托房屋征收实施部门对房屋征收范围内房屋的权属、区位、用途、建筑面积以及租赁和用益物权等情况组织调查，并依据调查结果编制方案。同时，房屋征收部门在拟定房屋征收补偿方案时，必须坚持合法、合理、可行的原则。（1）合法，即征收补偿方案确定的补偿方式等内容应当符合《国有土地上房屋征收与补偿条例》等法律法规的规定；（2）合理，即征收补偿方案的内容应当是大多数被征收人均能够接受的，征收范围大小适当、补偿标准公平公正等；（3）可行，即征收补偿方案应当因地制宜，符合地方实际情况，能够被被征收人认可。

市、县级人民政府在收到所属房屋征收部门上报的房屋征收补偿方案后，应当组织发展改革、城乡规划、国土资源、环境保护、文物保护、财政等有关部门对征收补偿方案是否符合《国有土地上房屋征收与补偿条例》等法律法规，需用地的建设项目是否符合国民经济和社会发展规划、土地利用总体规划、城乡规划和专项规划，房屋征收范围是否科学合理，征收补偿方案是否公平等进行论证。

为规范政府的征收行为，切实保证政府征收行为统筹兼顾公共利益和被征收人利益，扩大公众参与，保障公众的知情权、参与权、建议权，市、县级人民政府对房屋征收补偿方案进行论证、修改后，应当将征收补偿方案予以公布，征求意见期限不得少于30日。

33. 征收补偿方案如何进行论证？

根据《国有土地上房屋征收与补偿条例》第10条的规定，

作出征收决定的市、县级人民政府应当组织有关部门对征收补偿方案进行论证。论证的有关部门虽未明确，但是与房屋征收密切相关的发展改革部门、城乡规划管理部门、国土资源管理部门、房屋征收部门（如有单独设立）、法制部门、环境保护管理部门、财政部门等均应当参加，其他的则结合房屋征收范围内的建筑性质、未来建设项目的具体情况确定。比如房屋征收范围内含有历史文化建筑的，应当邀请文物保护管理部门参加；被征收地块未来将建设交通基础设施的，交通管理部门和未来的运营部门应当参加。须注意的是，有关部门应当是与房屋征收有关的人民政府相关部门，司法机关虽然可能参与后期的强制搬迁，但从性质上不宜参加征收补偿方案的论证。

就论证的形式而言，应当采取专项论证会的形式。为保障征收补偿方案论证的严肃性，体现人民政府对征收房屋涉及的公共利益与个人利益的重视，对征收补偿方案的论证必须采取专项会议的形式，由各相关政府职能部门在认真分析征收补偿方案的基础上充分发表意见，积极讨论，最后修改完善征收补偿方案。而现实中，征收补偿方案的论证常常被作为政府工作会议的一项议题，论证时间短，各部门也仅是简单发表一些意见，走过场，不符合《国有土地上房屋征收与补偿条例》设置该项程序的初衷，有必要予以更正。就论证的内容而言，应当围绕征收补偿方案的“三性”，即征收补偿方案的合法性、合理性与可行性展开。同样，为确保论证的严肃性、独立性，论证内容的载体应当是专项论证报告的形式。现实中不少地方都以会议纪要的形式来体现，且内容也十分简单，这显然是不符合论证要求的。由于论证是一项内容繁多、过程复杂、要求严谨的证明过程，简单的会议纪要不能满足要求。

34. 征收补偿方案如何征求意见？

《国有土地上房屋征收与补偿条例》第 3 条明确规定，房屋征收与补偿应当遵循决策民主、程序正当、结果公开的原则。在上述原则的指导下，为保障公众对征收补偿方案的知情权与参与权，条例第 10 条规定征收补偿方案在经论证后，应当予以公布，征求公众意见。

方案公布是征求意见的前提。公布的方式应当以张贴公告为主，网站发布、报纸刊载等方式为辅。公告应当在房屋征收范围内广泛张贴，有条件的可以逐一入户向各被征收人分发公告，保证每一个被征收人都能知晓。公告的内容应当包含房屋征收补偿方案的全文，为保证后续征求意见的开展，公告中还应当告知公众如何向征收人表达意见，包括征求意见的期限，意见表达的方式，意见收集的部门、地点、联系方式等。在实践中，征求意见的方式主要包括两种：（1）被动方式，即在公告中告知公众对征收补偿方案有意见可向征收人反映；(2)主动方式，指主动找公众征求意见，征求的方式可以是召开集体座谈会、听证会，也可以是单独向公众收集，实践中较多采用的是向被征收人发放征求意见表的方式。被动方式与主动方式结合的较多。须注意的是，征求意见的对象不仅包括被征收人，因房屋征收涉及被征收人的个人利益及城市发展的公共利益，所以征求对象还应当包括其他公众。

征求意见期限不得少于30日。征求意见后，市、县级人民政府发现确需修改征收补偿方案的，应当依照有关法律、法规和批准的征用土地方案进行修改。

35. 何种情况下征收房屋需要召开听证会？

城市旧居住区，又称旧城区，是一个城市在长期历史发展中逐步形成的老旧居住区。旧城区虽然历史文化遗存比较丰富、历史格局和传统风貌比较完整，但是房屋大多已经是危房、房屋建筑密度大、人口密度大且居民中中低收入人群占比较高、基础设施比较陈旧，不仅不利于城市整体建设与发展，也不利于居住于旧城区的居民整体生活水平的提高。因此，《国有土地上房屋征收与补偿条例》第8条将“由政府依照城乡规划法有关规定组织实施的对危房集中、基础设施落后等地段进行旧城区改建的需要”纳入公共利益的需要，市、县级人民政府可以依法对这部分房屋进行征收。

但是，旧城区改建不同于一般的房屋征收，它涉及面广、人数多、征收补偿情况复杂，在征收目的上要兼顾城市有机更新和居民利益保护的双重需要，极易产生矛盾与纠纷。为此，条例对因旧城区改建需要征收房屋的意见征求程序作了特别规定：若多数被征收人，一般为半数以上，认为征收补偿方案不符合条例规定的，市、县级人民政府必须组织听证会。考虑到旧城区改建既涉及被征收人的个人利益，也涉及城市有机更新中的公众利益，条例还规定了参加听证会的代表既要包括被征收人代表，也要包括社会各界公众代表。市、县级人民政府在听证会后，应当对各方代表的合理意见和建议充分吸收采纳，对征收补偿方案进行修改完善。

36. 听证会应如何进行？

听证指的是行政机关在作出有关行政决定之前，听取行政相对人陈述、申辩、质证的程序。《国有土地上房屋征收与补偿条例》虽然规定了因旧城区改建需要征收房屋，多数被征收人认为征收补偿方案不符合条例规定的，市、县级人民政府应当组织由被征收人和公众代表参加的听证会，但并未对听证的程序作出明确的规定。综观我国现有的法律规定，在法律这一层级上，《行政处罚法》与《行政许可法》对听证的举行程序作出了规定。但上述两部法律并不能适用于国有土地上房屋征收与补偿工作。国有土地上房屋征收听证一般依据原国土资源部制定的《国土资源听证规定》进行。根据《国土资源听证规定》，对征地补偿安置方案的听证一般依照如下规则进行。

第一，听证组织部门及听证机构。征地补偿安置方案由拟定方案的自然资源主管部门组织听证，由经办征地补偿安置方案拟定工作的自然资源主管部门内部机构作为听证机构。

第二，听证参加人，包括拟听证事项经办机构的指派人员、听证会代表、当事人及其代理人、证人、鉴定人、翻译等。听证一般由一名听证员组织；必要时，可以由三名或五名听证员组织。听证设听证主持人，在听证员中产生，但须是听证机构或者征地补偿安置方案经办机构的有关负责人。应当注意的是，征地补偿安置方案听证由经办机构办理听证事务，方案的具体拟定人员，不得作为听证员和记录员。听证会可有新闻媒体人员及其他人员旁听。

第三，听证会程序。被征地农村集体经济组织、农村村民或者其他权利人要求举行听证会的，应当在征地补偿安置方案公告之日起 10 个工作日内向自然资源主管部门提出，听证机构应当在听证的 7 个工作日前通知相关听证参与人听证事宜。听证会具体按照下列程序进行：（1）听证主持人宣布听证开始，介绍听证员、记录员，宣布听证事项和事由，告知听证参加人的权利和义务；（2）拟听证事项的经办机构提出理由、依据和有关材料及意见；（3）当事人进行质证、申辩，提出维护其合法权益的事实、理由和依据（听证会代表对拟听证事项的必要性、可行性以及具体内容发表意见和质询）；（4）最后陈述；（5）听证主持人宣布听证结束。听证记录人应当依据规定就听证会全过程制作书面笔录，并由听证参加人确认无误后签字或盖章。听证机构应当在举行听证会后 7 个工作日内，根据听证笔录制作听证纪要。

第四，听证会结果。有关市、县级人民政府自然资源主管部门在将征地补偿安置方案报市、县级人民政府审批时，应当附具听证笔录，供市、县级人民政府审批时参考。

37. 房屋征收决定的前置程序是什么？

根据《国有土地上房屋征收与补偿条例》第 12 条的规定，房屋征收决定作出前有三道前置程序，分别是：（1）社会稳定风险评估；（2）市、县级人民政府常务会议讨论；（3）征收补偿费用足额到位、专户专储、专款专用。其中，社会稳定风险评估和征收补偿费用足额到位等是必备程序，而只有当房屋征收决定涉及被征收人数量较多时，才需要经政府常务会议讨论决定。

社会稳定风险评估，是指人民政府拟作出的与人民群众利益密切相关的重大决策、重大政策、重大改革措施、重大工程建设、与社会公共秩序有密切关系的重大活动等在制定出台、审核批准、组织实施前，对其中可能影响社会稳定的因素展开系统的调查，科学的预测、分析和评估，制订风险应对策略和预案。房屋征收补偿领域是社会矛盾的高发地，房屋征收中产生的纠纷也极易扩大和严重影响社会稳定。为此，将社会稳定风险评估作为房屋征收决定作出前的必经程序，通过风险评估及时发现房屋征收中可能存在的影响社会稳定的风险点，并提早采取有效措施予以化解，能够从源头上防控房屋征收矛盾纠纷，防患于未然。

涉及被征收人数量较多时的政府常务会议讨论决定，是为了提高房屋征收决定的准确性，通过高层次的政府内部决策保障征收决定的科学合理、公平公正，真正符合公共利益的需要，保护被征收人的合法权益。

征收补偿费用的足额到位、专户专储、专款专用，能够保障房屋征收实施工作按时顺利进行，保证房屋征收补偿费用不被挪用、挤占，保护被征收人的合法权益。

38. 房屋征收决定何时生效？

房屋征收决定的生效，意味着房屋征收工作的正式开始，它在房屋征收工作中可以说是最重要的时间节点。

一方面，根据《民法典》第229条的规定，因人民法院、仲裁机构的法律文书或者人民政府的征收决定等，导致物权设立、变更、转让或者消灭的，自法律文书或者征收决定等生效时发生效力。根据该条的规定，房屋征收决定一旦生效，被征收房屋的所有权便发生了变化，由被征收人所有转为政府所有。另一方面，根据《国有土地上房屋征收与补偿条例》第19条的规定，对被征收房屋价值的补偿，不得低于房屋征收决定公告之日被征收房屋类似房地产的市场价格。据此，房屋征收决定的生效时间也决定了被征收房屋价值评估的最低市场价格。而被征收房屋的评估价值一定程度上决定了最后的房屋征收补偿，对被征收人也具有重要意义。

但是，《国有土地上房屋征收与补偿条例》并没有明确规定房屋征收决定的生效时间，而是在第13条第1款规定了“市、县级人民政府作出房屋征收决定后应当及时公告。公告应当载明征收补偿方案和行政复议、行政诉讼权利等事项”。

通常情况下，行政机关作出的行政行为生效时间存在以下4种情况：（1）告知之日生效，即行政行为的效力在告知行政相对人之时发生；（2）附款规定之日生效，即在相关法律文书附款说明法律事实发生或者规定的某一时间点生效；（3）受领之日生效，即行政相对人在收到行政行为决定并接受时行政行为生效；

（4）即时生效，即行政行为一经作出即具有法律效力。反观房屋征收决定，它意味着被征收人房屋所有权的丧失，严重影响着被征收人的权益，对生效时间的确定必须符合法治要求与公平原则。结合条例第13条的规定，房屋征收决定应当是在告知之日生效，也就是在公告之日生效。

一方面，在房屋征收决定作出前，房屋征收部门及其他相关单位已开展了征收调查登记、社会稳定风险评估等工作，被征收人已经知晓了自身房屋可能被征收，房屋征收决定更多地起到正式宣告房屋征收工作开始的作用，因此在告知被征收人时生效较为合理。另一方面，房屋征收公告同时载明被征收人申请行政复议、行政诉讼的权利，意味着这两项权利的开始，根据《行政复议法》《行政诉讼法》对两项权利开始时间的规定，公告之日作为房屋征收决定生效之日也较为合适。

39. 社会稳定风险评估的主要内容有哪些？

社会稳定风险评估的目的是通过风险评估提早发现房屋征收补偿中可能存在的影响社会稳定的风险点，并提前采取有效措施予以化解，防患于未然。因此，社会稳定风险评估的主要内容即对可能影响社会稳定的潜在风险予以全面排查。

一般来说，社会稳定风险评估的主要内容如下：（1）房屋征收补偿的基本情况和征收的必要性、合法性和合理性；（2）房屋征收补偿是否符合当地的经济社会发展总体状况；（3）房屋征收补偿方案是否为绝大多数被征收人所接受，是否兼顾了被征收人整体利益和社会总体利益，是否公平、公正、公开；（4）房屋征收补偿工作的各项准备工作是否充分，如征收补偿标准是否符合当地房地产市场行情，补偿资金、安置房源是否到位，对困难家庭是否提供充分保障，房屋征收政策目的等是否宣传公示到位等；（5）房屋征收是否会引起征收片区内或周边居民的不满，是否会对周边的其他房屋征收项目产生重大影响，征收补偿标准是否与周边的其他房屋征收项目有较大差别；（6）征收项目的施工是否有障碍或者安全风险隐患，是否会对周边环境产生较大影响，是否会造成周边群众生产、生活较大的不方便，房屋拆除工地管理是否符合规定；（7）房屋征收的社会稳定风险防范对策和应对措施是否齐备；（8）房屋征收的相关配套制度是否齐全，如公示制度、信访接待制度、责任承诺制度、举报制度、监督制度、责任追究制度等；（9）是否存在可能引发社会稳定风险的其他因素。

40. 社会稳定风险评估应当如何开展？

首先，就实施社会稳定风险评估的主体而言，《国有土地上房屋征收与补偿条例》并没有明确规定，目前主要有三种模式：一是由市、县级人民政府组织实施，如海口市规定由区人民政府负责组织实施房屋征收社会稳定风险评估工作；二是由房屋征收部门组织实施，如成都市、汕头市、洛阳市等均由房屋征收部门具体负责组织本行政区域内风险评估工作；三是由项目主管部门组织实施，如福州市房屋征收项目由项目主管部门牵头开展社会稳定风险评估。

其次，就评估的形式而言，主要也有三种：（1）公开的形式；（2）部分公开的形式；（3）不公开的形式。社会稳定风险评估应当以公开为主要形式，这是因为房屋征收因公共利益需要而为，公众知晓、公众参与是必需的，《国有土地上房屋征收与补偿条例》的制度设置也是如此。评估部门可通过网络、报刊、问卷调查、民意测验、座谈走访、听证会等渠道向社会公开征求意见。而部门论证、专家咨询、专业机构测评可以采取半公开的方式进行。最后的决策可以采用不公开的形式。

再次，就评估的程序而言，根据中共中央办公厅、国务院办公厅《关于建立健全重大决策社会稳定风险评估机制的指导意见（试行）》的规定，社会稳定风险评估一般包括以下步骤：（1）制订评估方案。评估责任部门对已确定的评估事项制订评估方案，做好各项准备工作。（2）准确识别风险。评估责任部门根据实际情况，采取专家咨询、专题座谈、抽样调查、实地勘查、听证会等形式，广泛征求人大、政协以及信访、维稳等部门的意见，认真听取相关利益群体的诉求，准确识别社会稳定风险。(3)形成评估报告。评估责任部门对评估事项实施后可能引发的各种社会稳定风险进行综合衡量、分析和评估，根据风险发生的概率和后果制订对策和处置、化解预案，作出分析和评估结论，形成评估报告。(4)确定风险等级。作出房屋征收决定的市、县级人民政府组织有关方面对决策方案中的社会稳定风险评估内容进行全面审查，确定项目风险等级。(5)建立分级报告备案制度。根据社会稳定风险评估确定的风险等级由不同部门进行备案。(6)全程跟踪实施。房屋征收实施后，房屋征收部门要不间断地听取社会公众评价意见，及时发现新的风险隐患，调整对策措施，确保评估事项顺利推进。评估部门、项目所在地区和维稳部门要坚持对评估事项进行全程跟踪，加强动态检查和评价，不断改进完善维稳措施。

最后，就评估结论而言，评估结论是评估报告的一部分，更是房屋征收决定的必要依据。风险等级的大小，决定着能否实施房屋征收。目前，全国并无统一的、法定的社会稳定风险等级，仅部分地方有规定。例如，《成都市国有土地上房屋征收社会稳定风险评估实施意见》规定“……作出无风险、有较小风险、有较大风险和有重大风险的风险评价，提出可实施、暂缓实施、不实施的建议”。在实际实施中，许多地方的社会稳定风险评估流于形式，报告多为随意编造，并没有起到预防房屋征收风险的作用，亟待改善。

41. “足额到位、专户存储、专款专用”如何理解？

足额到位，是指用于征收补偿的货币、实物的数量应当符合征收补偿方案的要求，能够保证全部被征收人得到依法补偿和妥善安置。鉴于征收补偿包括货币补偿与房屋产权调换两种方式，征收补偿费用的足额到位，也包括用于置换的房屋和货币两部分到位，是二者之和。如《四川省国有土地上房屋征收与补偿条例》第 19 条就规定：“市、县级人民政府作出房屋征收决定前，征收补偿费用应当足额到位、专户存储、专款专用。采用房屋产权调换方式补偿被征收人的，产权调换房屋的价值应当计入征收补偿费总额。”到位，一方面是指经测算的货币形式的征收补偿费用，在房屋征收决定作出前存入存储专户；另一方面则是指用于产权调换的房屋明确，且产权清晰、无权利负担，不会影响到产权调换。

专户存储，是指征收补偿费用应当储存在银行开设的专用存款账户。专用存款账户是存款人按照法律、行政法规和规章，对特定用途资金进行专项管理和使用而开立的银行结算账户。《城市房屋拆迁管理条例》（已失效）中规定，在办理拆迁许可时应当有办理存款业务的金融机构出具的拆迁补偿安置资金证明，但没有明确是专户存储，仅一些地方规定中有专户存储的规定。为保证房屋征收补偿费用的专款专用，后续的一些规定中逐渐明确了征收补偿费用必须专户存储。如《国务院办公厅关于控制城镇房屋拆迁规模严格拆迁管理的通知》（已失效）规定“所有拆迁，无论是公益性项目还是经营性项目、招商引资项目，拆迁补偿资金必须按时到位，设立专门账户，专款专用”。《国有土地上房屋征收与补偿条例》最终以行政法规的形式明确了专户存储的要求。

专款专用，是指征收补偿费用只能用于征收补偿，不得挪作他用。征收补偿费用主要用于：（1）支付给被征收人的房屋价值的补偿费、安置补助费、搬迁费、奖励费、停产停业损失补偿等；（2）支付给征收实施单位和相关单位开展房屋征收相关工作的各项经费。专款专用，一方面是指已明确用于征收补偿的费用，不能用于非上述征收补偿用途；另一方面是指已明确用于补偿被征收的费用，不能挪作他用。

第三节　房屋征收范围

42. 确定房屋征收范围应当在房屋征收决定作出前还是作出后?

由于《国有土地上房屋征收与补偿条例》并未明确规定房屋征收范围应当在何时确定，因此确定房屋征收范围是在房屋征收决定作出之前还是之后，存在争议。虽然《国有土地上房屋征收与补偿条例》中房屋征收范围的有关内容规定于第 15 条、第 16 条，在规定房屋征收决定的第 14 条之后，但是并不意味着房屋征收范围是在房屋征收决定作出之后确定。

根据《国有土地上房屋征收与补偿条例》第 15 条的规定，房屋征收部门应当对房屋征收范围内房屋的权属、区位、用途、建筑面积等情况组织调查登记，被征收人应当予以配合。调查结果应当在房屋征收范围内向被征收人公布。而对房屋征收范围内房屋的调查结果，应当是拟定房屋征收补偿方案、进行社会稳定风险评估、作出房屋征收决定的重要依据。因此，从逻辑顺序上讲，房屋征收范围应当在房屋征收决定作出之前确定。

就实践而言，各地公布房屋征收范围内的房屋调查结果都是在作出房屋征收决定之前。由此也可以看出，确定房屋征收范围应当在房屋征收决定作出前。从各地根据《国有土地上房屋征收与补偿条例》制定的实施细则中，也可以看出这一点。如《上海市国有土地上房屋征收与补偿实施细则》第 12 条就规定“因旧城区改建房屋征收范围确定后，房屋征收部门应当组织征询被征收人、公有房屋承租人的改建意愿；有 90% 以上的被征收人、公有房屋承租人同意的，方可进行旧城区改建”。从此条款可知，房屋征收范围确定是在房屋征收决定作出之前。

43. 确定房屋征收范围的主体是哪个？

《国有土地上房屋征收与补偿条例》第 15 条、第 16 条虽然规定了由房屋征收部门组织对房屋征收范围内的房屋情况调查登记，并书面通知有关部门暂停办理相关手续，但是并没有明确房屋征收范围由其确定。在其他条款中，也没有明确规定房屋征收范围的确定主体。在各地的实践中，确定房屋征收范围的主体分为三类：

一是房屋征收部门。如《济南市国有土地上房屋征收与补偿办法》第 10 条规定："符合本办法第七条第（一）项至第（四）项和第（六）项规定，需要征收房屋的，由房屋征收部门根据建设用地规划意见确定房屋征收范围。符合本办法第七条第（五）项规定，需要征收房屋的，由房屋征收部门会同发改、规划、国土资源等部门确定房屋征收范围。"又如《武汉市国有土地上房屋征收与补偿实施办法》第 13 条规定："房屋征收部门应当根据规划部门出具的规划意见，合理确定国有土地上房屋征收范围。"

二是市、县级人民政府。在房屋征收部门确定房屋征收范围后报同级人民政府批准。如《长沙市国有土地上房屋征收与补偿实施办法》第 12 条规定："市、区、县（市）房屋征收部门对经审核认为符合本办法第八条、第九条规定的项目，应当将房屋征收范围报同级人民政府批准后公布……"

三是相关部门和相关人民政府共同确定。如《上海市国有土地上房屋征收与补偿实施细则》第 10 条规定："……符合本细则第八条第（五）项规定因旧城区改建需要征收房屋的，房屋征收范围由市建设行政管理部门会同市房屋管理、发展改革、规划土地、财政等行政管理部门以及相关区（县）人民政府确定。符合本细则第八条规定的其他情形需要征收房屋的，房屋征收范围由市房屋行政管理部门会同相关行政管理部门和区（县）人民政府确定。"

44. 房屋仅有部分被纳入征收范围的，应当如何处理？

情景再现

2007年10月16日，株洲市房产管理局向A单位颁发《房屋拆迁许可证》，某甲的部分房屋在拆迁范围内，在拆迁许可期内未能拆迁。2010年，株洲市人民政府启动神农大道建设项目。2010年7月25日，株洲市发展改革委员会批准立项。2011年7月14日，株洲市规划局颁发了项目《建设用地规划许可证》。某甲的房屋部分位于神农大道建设项目用地红线范围内，且房屋地面高于神农大道地面10余米。2011年7月15日，株洲市人民政府经论证公布了《神农大道项目建设国有土地上房屋征收补偿方案》征求公众意见。2011年9月30日，株洲市人民政府作出《征收决定》，征收某甲的整栋房屋，并给予合理补偿。

某甲不服，以“申请人的房屋在A单位项目建设拆迁许可范围内，株洲市人民政府作出征收决定征收申请人的房屋，该行为与原已生效的房屋拆迁许可证冲突”和“A单位和株洲市人民政府均未能向申请人提供合理的安置补偿方案”为由向湖南省人民政府申请行政复议。复议机关认为，原拆迁人A单位取得的《房屋拆迁许可证》已过期，株洲市人民政府依据《国有土地上房屋征收与补偿条例》的规定征收某甲的房屋并不违反法律规定。某甲的部分房屋在神农大道项目用地红线范围内，且房屋地面高于神农大道地面10余米，房屋不整体拆除将存在严重安全隐患，属于确需拆除的情形，《征收决定》内容适当，且作出前也履行了相关法律程序，故复议机关作出复议决定维持了《征收决定》。某甲随后以株州市人民政府为被告提起行政诉讼，请求撤销《征收决定》。

法律分析

《国有土地上房屋征收与补偿条例》第9条规定，确需征收房屋的各项建设活动，应当符合国民经济和社会发展规划、土地利用总体规划、城乡规划和专项规划。根据上述规定，建设活动征收房屋的范围应当在建设项目规划用地红线范围内。但是，在某些特殊情况下，如果机械地适用上述规定，将给房屋征收工作带来不便。如上述案例中，某甲的部分房屋在神农大道建设项目用地红线范围内，如果严格照此确定房屋征收范围，某甲未拆除的规划红线范围外的部分房屋将人为变成危房，失去了房屋应有的价值和作用。因此，从兼顾公共利益与个人利益的角度出发，虽然征收某甲整栋房屋超出了神农大道的专项规划，但政府出于实用性、居住安全性等方面的考虑，将未纳入规划的部分一并征收，该行为体现了以人为本，有利于征收工作顺利推进。

45. 在哪些情况下被征收人可以提起行政复议或行政诉讼?

《行政复议法》第6条规定:“有下列情形之一的,公民、法人或者其他组织可以依照本法申请行政复议:(一)对行政机关作出的警告、罚款、没收违法所得、没收非法财物、责令停产停业、暂扣或者吊销许可证、暂扣或者吊销执照、行政拘留等行政处罚决定不服的;(二)对行政机关作出的限制人身自由或者查封、扣押、冻结财产等行政强制措施决定不服的;(三)对行政机关作出的有关许可证、执照、资质证、资格证等证书变更、中止、撤销的决定不服的;(四)对行政机关作出的关于确认土地、矿藏、水流、森林、山岭、草原、荒地、滩涂、海域等自然资源的所有权或者使用权的决定不服的……(十一)认为行政机关的其他具体行政行为侵犯其合法权益的。”

根据《行政诉讼法》第12条的规定,公民、法人或者其他组织有下列情形的,可以向人民法院提起行政诉讼:“(一)对行政拘留、暂扣或者吊销许可证和执照、责令停产停业、没收违法所得、没收非法财物、罚款、警告等行政处罚不服的;(二)对限制人身自由或者对财产的查封、扣押、冻结等行政强制措施和行政强制执行不服的;(三)申请行政许可,行政机关拒绝或者在法定期限内不予答复，或者对行政机关作出的有关行政许可的其他决定不服的；（四）对行政机关作出的关于确认土地、矿藏、水流、森林、山岭、草原、荒地、滩涂、海域等自然资源的所有权或者使用权的决定不服的；（五）对征收、征用决定及其补偿决定不服的……（十二）认为行政机关侵犯其他人身权、财产权等合法权益的。”

《国有土地上房屋征收与补偿条例》出台前，依据《城市房屋拆迁管理条例》（已失效）的规定，只要取得房屋拆迁许可证的单位就可以实施房屋拆迁工作，私人组织同样可以参与房屋拆迁工作。在权利救济上，《城市房屋拆迁管理条例》便规定了“拆迁补偿安置协议订立后，被拆迁人或者房屋承租人在搬迁期限内拒绝搬迁的，拆迁人可以依法向仲裁委员会申请仲裁，也可以依法向人民法院起诉”等纠纷解决方式。但是，《国有土地上房屋征收与补偿条例》出台后，行政机关成为唯一的房屋征收主体，房屋征收相关行为也只能由行政机关依照行政职权作出，成为行政行为。根据上述《行政复议法》和《行政诉讼法》的规定，公民、法人或者其他组织认为行政机关的行政行为侵犯了其合法权益的，有权提起行政复议或者行政诉讼。《国有土地上房屋征收与补偿条例》也对此作出了规定。

根据条例的规定，出现下列情形时，被征收人可以提起行政复议或行政诉讼寻求权利救济：（1）被征收人对市、县级人民政府作出的房屋征收决定不服的，可以依法申请行政复议，也可以依法提起行政诉讼；（2）被征收人对补偿决定不服的，可以依法申请行政复议，也可以依法提起行政诉讼。同时，市、县级人民政府不依法履行、未按照约定履行或者违法变更、解除房屋征收补偿协议的，被征收人也可以直接提起行政诉讼。

46. 被征收人应当如何提起行政复议？

根据《行政复议法》《国有土地上房屋征收与补偿条例》的相关规定，被征收人认为市、县级人民政府作出的房屋征收决定或房屋补偿决定侵犯了他们的合法权益的，可以自知道决定之日起60日内提起行政复议申请。因不可抗力或者其他正当理由耽误法定申请期限的，申请期限自障碍消除之日起继续计算。有权申请行政复议的公民死亡的，他们的近亲属可以申请行政复议；有权申请行政复议的公民为无民事行为能力人或者限制民事行为能力人的，他们的法定代理人可以代为申请行政复议；有权申请行政复议的法人或者其他组织终止的，承受其权利的法人或者其他组织可以申请行政复议。作出具体征收决定或补偿决定的市、县级人民政府是被申请人。作出具体征收决定或补偿决定的市、县级人民政府的上一级地方人民政府是行政复议机关。

被征收人申请行政复议，可以书面申请，也可以口头申请；口头申请的，行政复议机关应当当场记录申请人的基本情况、行政复议请求及申请行政复议的主要事实、理由和时间。应当注意的是，被征收人如果已经申请行政复议，行政复议机关已经依法受理了的，在法定复议期限内就不能再向人民法院提起行政诉讼。

行政复议机关收到行政复议申请后，应当在5日内进行审查，对不符合《行政复议法》规定的行政复议申请，应当决定不予受理，并书面告知申请人；对符合《行政复议法》规定，但是不属于本机关受理的行政复议申请，应当告知申请人向有关行政复议机关提出。除此以外，行政复议申请自行政复议机关负责法制工作的机构（房屋征收补偿中一般为作出决定的市、县级人民政府司法局或行政复议局）收到之日起即为受理。行政复议受理并不代表征收决定或补偿决定停止执行，除非被申请人、行政复议机关认为需要停止执行，或者申请人申请停止执行且经行政复议机关认定需要停止执行的，否则相关决定仍将继续执行。

行政复议机关对征收决定或补偿决定审查后，应当按照下列规定作出行政复议决定。第一，征收决定或补偿决定认定事实清楚，证据确凿，适用依据正确，程序合法，内容适当的，应当决定维持。第二，征收决定或补偿决定有下列情形之一的，应当决定撤销、变更或者确认该具体行政行为违法，决定撤销或者确认该具体行政行为违法的，可以责令被申请人在一定期限内重新作出具体行政行为：（1）主要事实不清、证据不足的；（2）适用依据错误的；（3）违反法定程序的；（4）超越或者滥用职权的；（5）征收决定或补偿决定明显不当的。第三，被申请人不按照《行政复议法》的规定提出书面答复、提交当初作出具体行政行为的证据、依据和其他有关材料的，视为征收决定或补偿决定没有证据、依据，应当决定撤销该具体行政行为。

行政复议机关应当自受理申请之日起60日内作出行政复议决定，并制作行政复议决定书送达申请人与被申请人。被征收人对复议决定不服的，可以依法向人民法院提起行政诉讼。被申请人不履行或者无正当理由拖延履行行政复议决定的，行政复议机关或者有关上级行政机关应当责令其限期履行。

47. 被征收人应当如何提起行政诉讼？

根据《行政诉讼法》《国有土地上房屋征收与补偿条例》的相关规定，被征收人认为市、县级人民政府作出的房屋征收决定或房屋补偿决定侵犯了他们的合法权益的，可以向行政复议机关提起行政复议，不服行政复议决定的，可在行政复议决定作出后15日内向人民法院提起诉讼，也可以直接向人民法院提起行政诉讼。同时，市、县级人民政府不依法履行、未按照约定履行或者违法变更、解除房屋征收补偿协议的，被征收人也可以直接提起行政诉讼。被征收人已经向人民法院提起行政诉讼，人民法院依法受理了的，不得申请行政复议。

被征收人提起行政诉讼，以相应的市、县级人民政府为被告，应当由所在地的中级人民法院管辖。同时，除被征收人外，认为与上述行政行为有利害关系的公民、法人或者其他组织，也可以依法提起行政诉讼。有权提起诉讼的公民死亡，其近亲属可以提起诉讼；有权提起诉讼的法人或者其他组织终止，承受其权利的法人或者其他组织可以提起诉讼。如果先行经过了行政复议，复议机关决定维持原行政行为的，作出原行政行为的市、县级人民政府和复议机关是共同被告；复议机关改变原行政决定的，复议机关是被告。复议机关在法定期限内未作出复议决定，公民、法人或者其他组织起诉原行政行为的，作出原行政行为的市、县级人民政府是被告；起诉复议机关不作为的，复议机关是被告。

起诉应当向人民法院递交起诉状，并按照被告人数提交副本；书写起诉状确有困难的，可以口头起诉，由人民法院记入笔录，出具注明日期的书面凭证，并告知对方当事人。人民法院认定符合起诉条件的，应当登记立案；不符合起诉条件的，则应作出不予立案的裁定。立案后，除非涉及国家秘密、个人隐私和法律另有规定的，人民法院应当公开审理。在诉讼期间，原行政行为一般不停止执行，除非被告认为需要停止执行，或者原告或者利害关系人申请停止执行并获得法院认可，或者人民法院认为继续执行会给国家利益、社会公共利益造成重大损害，或者法律、法规规定停止执行的。

人民法院依法审理后，应当根据以下规定作出判决。

第一，行政行为证据确凿，适用法律、法规正确，符合法定程序的，或者原告申请被告履行法定职责或者给付义务理由不成立的，人民法院应当判决驳回原告的诉讼请求。

第二，行政行为有下列情形之一的，人民法院应当判决撤销或者部分撤销，并可以判决被告重新作出行政行为:（1）主要证据不足的;（2）适用法律、法规错误的;（3）违反法定程序的;（4）超越职权的;（5）滥用职权的;（6）明显不当的。

第三，人民法院经过审理，查明被告不履行法定职责的，应当判决被告在一定期限内履行。

第四，人民法院经过审理，查明被告依法负有给付义务的，如应予以补偿而未补偿，应当判决被告履行给付义务。

第五，行政行为有下列情形之一的，人民法院应当判决确认违法，但不撤销行政行为:（1）行政行为依法应当撤销，但撤销会给国家利益、社会公共利益造成重大损害的;（2）行政行为程序轻微违法，但对原告权利不产生实际影响的。行政行为有下列情形之一，不需要撤销或者判决履行的，人民法院应当判决确认违法：（1）行政行为违法，但不具有可撤销内容的；（2）被告改变原违法行政行为，原告仍要求确认原行政行为违法的；（3）被告不履行或者拖延履行法定职责，判决履行没有意义的。

第六，行政行为有实施主体不具有行政主体资格或者没有依据等重大且明显违法情形，原告申请确认行政行为无效的，人民法院应当判决确认无效。人民法院判决确认违法或者无效的，可以同时判决责令被告采取补救措施；给原告造成损失的，应当依法判决被告承担赔偿责任。

第七，被告不依法履行、未按照约定履行或者违法变更、解除房屋征收补偿协议的，人民法院应当判决被告承担继续履行、采取补救措施或者赔偿损失等责任。被告变更、解除房屋征收补偿协议合法，但未依法给予补偿的，人民法院应当判决给予补偿。

原告或者被告不服人民法院判决的，有权在判决书送达之日起 15 日内向上一级人民法院提起上诉。当事人不服人民法院第一审裁定的，有权在裁定书送达之日起 10 日内向上一级人民法院提起上诉。逾期不提起上诉的，人民法院的判决或者裁定发生法律效力。第二审程序、审判监督程序及执行等根据《行政诉讼法》的规定进行。

48. 房屋征收补偿相关行政诉讼中，行政机关对自身行政行为是否负有举证责任？

情景再现

某甲的房屋位于龙南县某房屋征收范围内。2013年2月27日，龙南县国土及规划部门在房屋调查登记中将某甲的部分房屋认定为违章建筑，并下达自行拆除违建房屋的通知。同年3月，龙南县人民政府在未按照《行政强制法》的相关规定进行催告、未作出强制执行决定、未告知当事人诉权的情况下，组织相关部门对某甲的违建房屋实施强制拆除，同时对拆迁范围内的合法房屋也进行了部分拆除，导致该房屋丧失正常使用功能。某甲认为龙南县人民政府强制拆除其房屋和毁坏财产的行为严重侵犯其合法权益，遂于2013年7月向赣州市中级人民法院提起行政诉讼，请求法院确认龙南县人民政府拆除其房屋的行政行为违法。赣州市中级人民法院将该案移交安远县人民法院审理。安远县人民法院受理案件后，于法定期限内向龙南县人民政府送达了起诉状副本和举证通知书，但该政府在法定期限内只向法院提供了对某甲违建房屋进行行政处罚的相关证据，没有提供强制拆除房屋行政行为的相关证据和依据。

法律分析

根据《行政诉讼法》第 34 条的规定，行政机关对作出的行政行为负有举证责任，应当提供作出该行政行为的证据和所依据的规范性文件。行政机关不提供或者无正当理由逾期提供证据，视为没有相应证据。但是，被诉行政行为涉及第三人合法权益，第三人提供证据的除外。同时，根据《行政诉讼法》第 67 条的规定，行政机关应当在收到起诉状副本之日起 15 日内向人民法院提交作出行政行为的证据和所依据的规范性文件，并提出答辩状。在上述案例中，龙南县人民政府并未在法定期限内向人民法院提交强制拆除某甲房屋的相关证据和依据，应当视为没有相应的证据。而根据《行政诉讼法》第 70 条、第 74 条的规定，行政行为主要证据不足的，人民法院应当判决撤销或者部分撤销，并可以判决被告重新作出行政行为；行政行为违法，但不具有可撤销内容，不需要撤销或者判决履行的，人民法院应当判决确认违法。因此，在上述案件中，龙南县人民政府应当承担举证不能的后果，其作出的强制拆除房屋的行政行为没有证据，但强制拆除行为已作出不再具有可撤销内容，人民法院应当判决确认该行政行为违法。

49. 房屋征收调查登记是什么？

房屋征收调查登记是指房屋征收部门在征收公告作出后，征收决定作出前进行的，对房屋征收范围内的房屋的权属、区位、用途、建筑面积等情况组织的调查登记。房屋征收调查登记是在征收决定作出前对房屋征收范围内的房屋总体状况的一次大摸查，是确定能否征收、如何征收、征收补偿、社会稳定风险大小的重要依据，尤其是确定后续房屋征收补偿费用的前提和基础。

为保证调查登记的全面性及有效性，房屋征收调查登记的内容一般包括以下7个方面：（1）房屋权属情况，即被征收房屋的物权归属。（2）区位情况，由于房屋是不动产，区位对于房屋的价值有时起着决定性的作用。在评估房屋价值时，区位因素是一个十分重要的因素。（3）用途，即房屋是用于居住、商业、工业抑或其他。实践中，主要争议在于房屋用途的认定标准是登记用途，还是实际用途。（4）建筑面积，是确定房屋价值必不可少且十分重要的一个因素。（5）建造时间、结构、新旧程度、楼层、朝向、周围环境等状况，对补偿也会有或大或小的影响。（6）常住人口情况，包括户籍、实际居住、五保户、低保户、贫困户等情况。（7）其他，比如房屋装修、附属物、种植物（比如有名贵植物）等情况，都应当如实调查登记。

50. 房屋的用途如何认定？

情景再现

某甲拥有位于上海市黄浦区顺昌路的房屋一套，房屋登记面积为120平方米，登记用途为居住。该房屋在册户口4人，分别是某甲及其妻子、两个子女。某甲在2003年成立了A公司，公司经营地址登记为上述房屋。A公司经营期限自2003年12月至2008年12月。

因旧城区改建需要，2012年6月2日，上海市黄浦区人民政府作出房屋征收决定，某甲所有的房屋位于征收范围内。某甲认为自己的房屋为A公司的经营地址所在地，应当被认定为经营性用房，房屋征收部门需要给予他非居住房屋补偿，而房屋征收部门对此不予认可，双方未能在签约期限内达成征收补偿协议。

2013年4月11日，黄浦区人民政府作出房屋征收补偿决定，认定某甲所有的被征收房屋性质为居住房屋，决定按照居住房屋的标准对某甲予以征收补偿。某甲不服该征收补偿决定，向上海市人民政府申请行政复议，上海市人民政府经复议维持该房屋征收补偿决定。某甲仍不服，向上海市黄浦区人民法院提起行政诉讼，要求撤销被诉征收补偿决定。

法律分析

由于我国法律并未禁止住宅用于经营，出于历史原因房屋没有登记或者房屋用途没有登记的现象很多，将住宅用于非住宅用途（即“住改非”）的现象十分常见。这给房屋用途的认定带来了麻烦。实践中，房屋用途的认定是以登记用途为准，还是以实际用途为准存在着争议。《国有土地上房屋征收与补偿条例》并未对此加以明确，仅规定了房屋征收部门应当对房屋征收范围内房屋的权属、区位、用途、建筑面积等情况组织调查登记，被征收人应当予以配合。

在对被征收房屋的调查登记中，按逻辑就涉及对被征收房屋用途的认定。调查登记中一般以房屋所有权证上登记的用途为准，但由于房屋进行产权登记时未登记用途的情况比较常见，因此对于房屋用途有争议的，应当将房屋用途的实际情况都登记清楚，即登记用途（包括有、无）、实际用途。对于实际用途被征收人应当提供相关证据，比如营业执照、税务登记证等。但有时客观登记仍难以确定房屋用途，且法律法规并没有授权房屋征收部门对被征收房屋的用途进行认定。因此，对于被征收房屋的用途还应当结合实际情况和相关规定，由相关部门进行认定，比如房屋登记管理部门、城乡规划管理部门。

实践中，房屋用途的认定主要有以下几类情形：

第一，房屋所有权证上记载了用途，且实际用途与记载用途一致。此类情形基本没有争议，房屋征收部门如实按照房屋所有权证上记载的用途认定、登记即可。

第二，房屋所有权证上记载了用途，但实际用途与记载用途不一致。此类情形基本上以“住改非”为主。“住改非”房屋虽然登记为住宅，但是由于其位置较好，适用于商业或者其他非住宅用途，造成其实际价值远高于相邻的住宅。对于这类房屋，房屋征收部门将登记用途和实际用途均进行登记为妥，对于具体实际用途应当按照房屋用途的法定标准确定。在登记实际用途时，被征收人应当提供相关的实际用途的凭证，比如营业执照、税务登记证、纳税凭证等。

第三，未进行房屋所有权登记，手续不全的。此类情形的房屋比较复杂，虽然这些房屋没有进行房屋所有权登记，但是并不是没有房屋建设的手续，比如可能有国有土地使用权证、国有土地使用权批准文件、建设用地规划许可证、建设工程规划许可证等。这些资料证明房屋在建设过程中取得了一定的手续，相对于任何手续都没有的房屋，其违法性要轻一些。还有一些是历史原因造成的，如因住房制度改革遗留下来的集资房、合作房等。对于此类情形的房屋，应当尽可能结合相关资料认定其房屋用途。

在上述案例中，被征收房屋虽曾经用于经营性用途，某甲也提供了相应的营业执照佐证，但营业执照显示该房屋上的A公司已在2008年12月停止营业，该房屋在征收时并未用于经营性用途。同时，该房屋的登记用途也是居住用房。因此，在某甲没有提供其他充分证据证明该房屋为经营性用房的情况下，将其认定为居住用房，并以此为准进行征收补偿并无问题。

51. 房屋建筑面积如何确定？

建筑面积的确定，在被征收房屋价值确定中具有重要意义，很大程度上直接决定了被征收房屋的价值补偿。实践中，以哪份文件记载的建筑面积为准需要结合具体情形分别确定。

就被征收人私有房产而言，首先，已经登记的房屋的建筑面积，一般以房地产登记簿的记载为准，确有证据证明房地产登记簿有错误，并且房地产权证书和房地产登记簿的记载不一致的，以房地产权证书记载的建筑面积为准。其次，对于未经登记的房屋，则以相关批准文件记载的建筑面积为准，实际建筑面积小于相关批准文件记载的建筑面积的，以实际建筑面积为准。也就是所谓的可建未建，视同放弃。最后，如果相关批准文件未记载建筑面积，或者虽然没有批准文件但有相关材料证明在 1981 年以前已经建造并用于居住的房屋，以房屋行政管理部门认定的房屋调查机构实地丈量的建筑面积为准。

而就公租房而言，因房屋用途不同，建筑面积的确定也有所不同：非居住类公租房以房屋租赁合同记载的建筑面积为准；居住类公租房以租用公房凭证所记载的建筑面积为准。如果租用公房凭证上所记载的并非建筑面积而是居住面积，则需要根据各地方确定的换算系数确定建筑面积。

52. 房屋征收调查登记如何进行？

房屋征收调查登记，一般应当在房屋征收公告作出后、征收决定作出前进行。就调查登记的主体而言，房屋征收部门作为房屋征收补偿工作的主责部门，既可以独立完成，也可以委托具体实施房屋征收补偿工作的房屋征收实施单位进行。同时，鉴于房屋征收调查登记需要对房屋价值进行评定，调查登记时一般还应当有房地产价格评估机构共同参与。为提高调查登记的效率，减少工作阻力，在开展调查登记工作时房屋征收部门应当争取市、县级人民政府协调房屋征收范围内街道办事处、居委会等单位配合工作。

根据《不动产登记暂行条例》第 8 条的规定，不动产以不动产单元为基本单位进行登记。而根据《不动产登记暂行条例实施细则》第 5 条的规定，房屋与土地权属界线封闭的空间为不动产单元。

在房屋调查登记时，独立成幢的房屋以幢为基本单元进行登记；区分套、层、间等可以独立使用、权属界线封闭的房屋，则以套、层、间为基本单元进行登记。

具体调查登记可分为非现场调查与现场调查：房屋征收部门首先应当从被征收房屋所在行政区域的房屋登记机构调取该房屋的资料，初步确定被征收房屋的权属、用途、建筑面积等事项；现场房屋调查登记时，由房屋调查登记工作人员入户进行，工作人员一般应当对被征收人所有的房屋及附属物进行现场勘查，分单元、分类别进行拍照、录像、编号，并依照一户一档的原则建立档案，作为后续补偿的依据。为确保调查登记结果的真实性、完整性，房屋征收部门、被征收人以及其他参与了房屋调查登记的单位，如房屋征收实施单位、房地产价格评估机构等，应当对调查登记结果现场签字确认。

53. 房屋征收登记调查结果是否需要公布？

根据《国有土地上房屋征收与补偿条例》第 15 条的规定，房屋征收登记调查结果应当在房屋征收范围内向被征收人公布。这是《国有土地上房屋征收与补偿条例》结果公开原则的重要体现，也是政务公开的要求。公布房屋征收登记调查结果，具体有以下 4 点作用：（1）增加房屋征收的透明度和公信力，防止暗箱操作，防止被征收人恶意串通，防止征收工作人员渎职犯罪。（2）为将来可能作出的房屋征收补偿决定提供事实依据，也可作为房屋征收价值评估的重要依据。（3）有利于监察机关和审计机关对房屋征收活动进行监察和审计。（4）有利于保护被征收人的知情权，促进房屋征收的公开、公平、公正。

就公布的主体而言，应当是房屋征收部门，其他参与调查的部门不应当作为公布的主体。就公布的方式而言，《国有土地上房屋征收与补偿条例》仅明确调查结果应当在房屋征收范围内向被征收人公布。因此在房屋征收范围内张贴调查结果是必不可少的，同时还应当在报纸和网络上公布。就公布的内容而言，一般应当包括：（1）调查结果认定的主体。这既是认定主体，也是责任主体。（2）房屋的权属、区位、用途、建筑面积等情况。这是主要内容，也是被征收人最关心的。（3）告知被征收人对调查结果有异议时，享有陈述和申辩权，并提供相关证据。（4）告知被征收人对确定的调查结果仍有异议时的救济权。

54. 对产权不明确的房屋应如何征收补偿？

产权不明确的房屋是指在房屋征收公告规定的时间内，仍然没有产权关系证明、产权人下落不明、暂时无法明确产权的合法所有人或者产权尚未确定最后归属的房屋。由于房屋产权不确定，被征收人也就无法确定。但是，不能因为被征收人不明确，就不征收相关房屋，或者在征收后降低补偿、不对被征收房屋进行补偿。

通常情况下，对产权不明确房屋的补偿应当按照下列程序进行，以确保征收补偿方案的公平、合理：（1）由房屋征收部门按照《国有土地上房屋征收与补偿条例》及相关规定对被征收房屋进行调查登记。在调查登记时，可通过查档、入户调查、走访等方式尝试确定被征收房屋的产权关系。（2）调查登记时仍无法确定产权关系的，可先由房屋征收部门以及其他参与了房屋调查登记的单位，包括房屋征收实施单位、街道办、居委会等共同签字确认，然后向公证机构办理证据保全，使该资料更加具有法律效力。（3）根据条例第26条的规定，为不影响整个房屋征收范围内房屋征收补偿工作的开展，房屋征收部门可以报请作出房屋征收决定的市、县级人民政府依照条例的规定，按照征收补偿方案对产权不明确的房屋先作出补偿决定，并在房屋征收范围内予以公告，产权关系明确后产权人可以依据法定程序向房屋征收部门领取相关补偿。

55. 征收范围确定后，能否再新建、扩建、改建房屋？

新建房屋是指从无到有建设新的房屋。扩建房屋是指在原有房屋的基础上增大房屋的建筑面积。但房屋扩建使房屋新增加的价值超过原有价值三倍以上的，应当被认定为新建。改建房屋则是指改变房屋的结构，对房屋进行重新装饰装修等。根据《国有土地上房屋征收与补偿条例》第16条的规定，房屋征收范围确定后，不得在房屋征收范围内实施新建、扩建、改建房屋，否则将不予补偿。

依照条例第17条、第19条的规定，对被征收房屋价值的补偿是市、县级人民政府对被征收人给予的征收补偿的主要方面。而被征收房屋价值的确认是对被征收房屋的建筑结构、新旧程度、建筑面积、装修装饰水平、原有设施设备的折损等因素综合评估得出的结果。部分被征收人为获取更多的征收补偿，在确定房屋征收范围，尚未进行房屋调查登记之时对房屋进行新建、扩建、改建，会不当增加被征收房屋的价值，使得房屋征收补偿的成本较房屋征收部门确定征收补偿方案时有较大的增加，房屋征收补偿的成本甚至会超过征收工作可能带来的社会价值，不利于社会公共利益的实现，有违房屋征收的初衷。同样，部分被征收人违法新建、扩建、改建房屋的，各被征收人之间的征收补偿将会失当，有违公平原则。因此，征收范围确定后，不得再新建、扩建、改建房屋。

56. 征收范围确定后，能否再改变房屋用途?

房屋按照用途的不同，可分为住宅、工业交通仓储用房、商业金融信息用房、教育医疗卫生科研用房、文化娱乐体育用房、办公用房、军事用房、其他用房八大类。住宅又可分为成套住宅、非成套住宅、集体宿舍。商业金融信息用房则可分为商业服务用房、经营用房、旅游用房、金融保险用房以及电讯信息用房。其他六类房屋也可按照用途再作细分。

根据《国有土地上房屋征收评估办法》第14条的规定，被征收房屋价值评估应当考虑被征收房屋的区位、用途、建筑结构、新旧程度、建筑面积以及占地面积、土地使用权等影响被征收房屋价值的因素。根据我国的土地管理法律法规，房屋用途不同，土地性质也会有所不同。房屋用途、房屋所在土地性质都会对房屋的价值评估产生重要影响，而房屋价值的补偿又是房屋征收补偿的重要组成部分。与此同时，根据《国有土地上房屋征收与补偿条例》第23条的规定，因房屋征收造成停产停业损失，同样需要进行补偿。由此，一套用途为经营性的房屋较用途为住宅的房屋而言，还会多一笔停产停业损失补偿。

因此，为使房屋价值在房屋征收范围确定后不会出现较大的不当增加，严重影响房屋征收补偿成本，条例同样规定了在房屋征收范围确定后，不得改变房屋用途，否则将不予补偿。

57. 征收范围确定后，被征收人能否再迁入户口或者分户？

情景再现

2011年，北京市房山区因轨道交通项目建设需要对部分国有土地上房屋实施征收，某甲所居住的房屋被列入拆迁范围。该户在册人口共7人，包括某甲的儿媳和孙女。房屋征收部门与某甲未能在限期内达成征收补偿协议，报请房山区人民政府，由房山区人民政府作出房屋征收补偿决定。征收补偿决定中，房山区人民政府以某甲儿媳、孙女的户籍迁入时间均在征收户口冻结统计之后，不符合此次征收补偿方案中确认安置人口的规定为由，将某甲户的在册人口认定为5人。某甲不服诉至法院，请求撤销相应的房屋征收补偿决定。

法律分析

在房屋征收补偿工作中，被征收人的具体人数对最后的征收补偿费用有一定影响：部分地区在确定征收补偿费用，特别是以产权调换方式予以征收补偿时，被征收人的户数或人数直接影响了用于产权调换房屋的总面积。为此，1991年版的《城市房屋拆迁管理条例》第11条明确规定了“拆迁范围确定后，由当地县级以上地方人民政府房屋拆迁主管部门通知房屋拆迁所在地公安部门暂停办理向拆迁范围内迁入居民户口和居民分户”。后来2001年修订的《城市房屋拆迁管理条例》及现行的《国有土地上房屋征收与补偿条例》虽未明文禁止迁入户口或者分户，但《国有土地上房屋征收与补偿条例》第16条规定了房屋征收范围确定后，不得在房屋征收范围内实施新建、扩建、改建房屋和改变房屋用途等不当增加补偿费用的行为，实际上是将迁入户口及分户纳入“不当增加补偿费用”的其他行为中，以确保征收工作公平公正开展。

但是，不得迁入户口或者分户不是绝对的，有下列事项之一的，仍可以申请迁入户口或者分户：（1）在征收范围内有常住户口的妇女新生的婴儿；（2）与征收范围内有常住户口人员结婚的；（3）复员、转业和退伍军人回本市原户口所在地投奔直系亲属必须在此入户的；（4）刑满释放、解除劳教、解除少管人员回本市原户口所在地投靠直系亲属必须在此入户的；（5）回国、退职、退休和退学人员回本市原户口所在地投靠直系亲属必须在此入户的；（6）按有关政策规定，经市、区（县）公安局批准必须在此入户的。同时，禁止迁入户口或分户也有时间限制，根据《国有土地上房屋征收与补偿条例》第16条的规定，公安部门暂停办理迁入户口或者分户的期限最长不得超过1年。

在上述案例中，某甲儿媳因婚姻原因入户，其孙女因出生原因入户，属于不得迁入户口或者分户的例外情况，房屋征收补偿决定将某甲户的在册人口核定为 5 人属事实认定不清，应当依法予以撤销。

58. 征收范围确定后，是否一直不能新建、扩建、改建房屋和改变房屋用途？

《国有土地上房屋征收与补偿条例》第 16 条第 1 款虽然规定了在房屋征收范围确定后不得在房屋征收范围内实施新建、扩建、改建房屋和改变房屋用途等不当增加补偿费用的行为，但对不当增加补偿费用行为的禁止也是有限制的，根据条例第 16 条第 2 款的规定，不当增加补偿费用行为的暂停期限最长不得超过 1 年。也就是说，1 年内不得新建、扩建、改建房屋和改变房屋用途，而 1 年之后就没有这个限制。

法律规定 1 年的时间期限，主要有以下两点原因：

第一，约束政府行为。房屋征收工作是为了实现公共利益，为此，在房屋征收范围确定后房屋征收部门应当尽快推动被征收房屋价值评估、房屋征收补偿协议的签订等工作。同时，予以时间限制，可以减轻政府公权力对被征收人私有财产的不当限制，减少征收人与被征收人间发生矛盾的可能性。

第二，保护被征收人的合法权益。在得到相关建设许可的基础上，被征收人新建、扩建、改建房屋和改变房屋用途是完全可以的。在征收范围确定后禁止上述行为，是基于补偿成本确定性的需要，杜绝投机取巧、不当增加征收成本，影响公共利益的实现。但是，过长时间地限制被征收人对上述房屋的利用行为，实质上是对被征收人物权和其他权利的限制。如果没有时间限制，一直禁止被征收人新建、扩建、改建房屋和改变房屋用途，以及迁入户口或者分户等，将妨碍被征收人正常的生活、生产经营活动，会影响被征收人合法私人权益的实现。为此，从被征收人合法权益保护的角度上看，也需要对上述行为加以时间限制。

59. 征收范围确定后，能否对外租赁房屋？

根据《城市房屋拆迁管理条例》（已失效）第12条的规定，拆迁范围确定后，拆迁范围内的单位和个人，不得进行下列活动：（1）新建、扩建、改建房屋；（2）改变房屋和土地用途；（3）租赁房屋。而现行有效的《国有土地上房屋征收与补偿条例》第16条规定，在房屋征收范围确定后，被征收人不得在房屋征收范围内实施新建、扩建、改建房屋和改变房屋用途等不当增加补偿费用的行为，并未明确规定被征收人不得对外租赁房屋。那么，在征收范围确定后，被征收人能否对外租赁房屋呢？

在征收范围确定后，被征收人应当是可以对外租赁房屋的。《国有土地上房屋征收与补偿条例》第16条明确禁止被征收人在房屋征收范围确定后再实施不当增加补偿费用的行为，某项行为是否被禁止就需要认定它是否会不当增加补偿费用。而出租房屋是房屋所有权人依法进行的对自有财产的使用、收益、处分行为，是对房屋功能的有效开发，并不为法律禁止。房屋征收范围的确定也并不意味着被征收人对房屋所有权的丧失，作为房屋所有权人的被征收人仍然有权对外租赁房屋。

《城市房屋拆迁管理条例》之所以明确规定在拆迁范围确定后不得租赁房屋，是因为《城市房屋拆迁管理条例》对房屋承租人的合法权益明确予以了保护。而在《国有土地上房屋征收与补偿条例》中，没有对承租人的权益作任何调整，而是交由房屋出租人与承租人通过合同及其他政策调整，由此，《国有土地上房屋征收与补偿条例》并不禁止在房屋征收范围确定后对外租赁房屋。

但是需要特别提醒的是，在确定征收范围后，若征收工作不取消，征收范围内的房屋将会面临拆除。若房屋租赁期限超出了房屋拆迁的期限，出租人要承担退还剩余租期租金的责任。如果出租人明知房屋将要被拆而不告诉承租人，且签订长期租赁合同，那么承租人因此受到的损失，出租人也要承担赔偿责任。

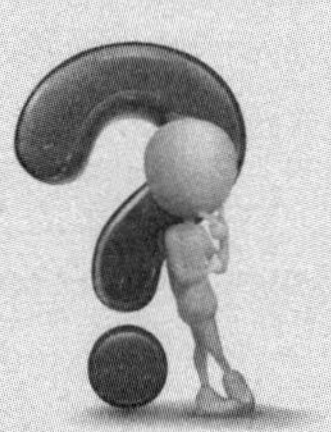

第三章

CHAPTER 3

房屋征收补偿

第一节　房屋征收补偿范围

60. 房屋征收补偿范围包括哪些？

房屋征收补偿范围是指作出房屋征收决定的市、县级人民政府对征收范围内被征收人因房屋征收而产生的各类损失与费用进行的补偿。根据《国有土地上房屋征收与补偿条例》第17条的规定，房屋征收补偿范围主要包括下列三项：（1）被征收房屋价值的补偿；（2）因征收房屋造成的搬迁、临时安置产生的费用的补偿；（3）因征收房屋造成的停产停业损失的补偿。

被征收房屋的价值包括三方面，一是房屋本身的价值，二是房屋所占范围内的土地使用权的价值，三是被征收房屋室内装饰装修的价值。被征收房屋包括被征收的房屋以及它的附属物。其中，房屋的附属物是指与房屋主体建筑有关的由房屋产权人或使用人在使用过程中为提高房屋使用效能而改造或追加的，不能异地使用或异地使用将影响其功能的建筑物或构筑物。房屋在征收范围确定前已经存在的装饰装修，除被征收人可以搬迁的外，政府也需要予以相应补偿。

因房屋征收造成搬迁的，搬迁费不由被征收人承担，房屋征收部门应当根据实际情况给予被征收人搬迁费。搬迁补偿是针对所有被征收人的，而临时安置补偿并不针对所有被征收人。对于选择房屋产权调换的被征收人，产权调换房屋交付前，房屋征收部门应当向被征收人支付临时安置费或者提供周转用房，以供被征收人在搬出原有住房后搬进产权调换房前解决居住问题。对于提供了周转用房的，因被征收人无须支出临时安置的费用，就不需要提供临时安置补偿了。

对于非住宅因房屋征收产生的停产停业损失，也需要根据房屋被征收前的效益、停产停业期限等因素给予补偿。

61. 被征收房屋的附属物是否都能得到征收补偿?

被征收房屋的附属物价值，并非全部都能纳入被征收房屋价值的范围，从而获得房屋征收补偿。

被征收房屋的附属物，是指由房屋产权人或使用人在使用过程中为提高房屋使用效能而改造或追加的，不能异地使用或异地使用将影响其功能的建筑物或构筑物。其中构筑物是指不具备、不包含或不提供人类居住功能的人工建筑物。一般而言，被征收房屋的附属物，包括但不限于附属于居住房屋的杂房、厨房、厕所、过道、院落等。

上述被征收房屋的附属物能否得到征收补偿，并不取决于它们的功能，而取决于它们的合法性和经济价值。对于被征收人合法拥有的、证照齐全的、具有经济价值的附属物，由于房屋征收而给被征收人带来一定损失的，应当对这部分附属物给予补偿，但补偿的水平要低于被征收的正式房屋；对于被征收人未取得建设工程规划许可证件或者违反建设工程规划许可证件的规定建设、严重影响城市规划的房屋附属物，或者没有实际经济价值的房屋附属物，则可以不补偿。

62. 被征收人获得补助和奖励的条件有哪些？

根据《国有土地上房屋征收与补偿条例》第 17 条的规定，市、县级人民政府应当制定补助和奖励办法，对被征收人给予补助和奖励。由于各地房屋征收的具体情况各有不同，国务院未对房屋征收的补助和奖励办法作出明确规定，而是放权给了实施房屋征收补偿工作的各市、县级人民政府。

综观已有的市、县级人民政府房屋征收补助和奖励的办法，被征收人获得补助和奖励的条件各有不同。被征收人获得房屋征收补助主要是根据被征收人的家庭情况确定的，如南京市规定被征收人及同户籍内直系亲属患重大疾病且符合医疗救助条件的，或者家庭生活特别困难并符合救助条件的，房屋征收时应当给予补助费；被征收人获得房屋征收奖励则主要根据被征收人配合房屋征收工作的情况予以确定，如浙江省衢州市规定被征收人配合房屋征收调查、评估，按期腾空搬迁，单元和楼幢（组片）完全签约，被征收人选择货币化安置，限期内用货币补偿资金在衢州市区内购买商品房的，均可以获得一定的奖励。

我国多个市、县级人民政府已根据本行政范围内房屋征收的实际情况制定了相应的补助和奖励办法，即便未制定相关办法，在房屋征收补偿公告中也多会对被征收人的补助和奖励作出说明。若房屋被征收的，可以检索当地的房屋征收补助和奖励办法，或者依照房屋征收补偿公告来确定能否获得补助或者奖励。

63. 被征收人符合什么条件时政府要优先给予其住房保障？

住房保障是指政府通过市场化与非市场化手段为中低收入住房困难家庭提供基本住房的社会保障制度。其与基本医疗保险、基本养老保险等共同组成了我国的社会保障制度。住房保障措施包括提供保障性住房以及提供住房保障租赁补贴等。其中保障性住房主要包括廉租住房、经济适用住房、政策性租赁住房等。

根据《国有土地上房屋征收与补偿条例》第18条的规定，征收个人住宅，被征收人符合住房保障条件的，作出房屋征收决定的市、县级人民政府应当优先给予住房保障。综合该条款规定，政府优先给予被征收人住房保障主要有以下两个条件：

第一，被征收房屋为个人住宅，不能是商铺等经营性用房。住房保障是为了向符合条件的中低收入住房困难家庭提供基本居住保障，如果被征收人因房屋征收丧失了基本居住用房，便需要向他们优先提供住房保障。但如果被征收人被征收的是非住宅，没有因此丧失基本居住用房，便不需要向他们优先给予住房保障。

第二，被征收人符合住房保障条件。我国幅员辽阔，各地经济发展差异较大，不同城市住房保障条件也有所不同，但综合各地的住房保障管理办法，申请住房保障的条件主要包括以下三项：（1）具有当地户籍或者在当地连续缴纳社会保险费达到规定年限；（2）家庭财产总额及人均年可支配收入低于当地规定的财产限额及收入线标准；（3）无任何形式的住宅建设用地或者无自有住房，或者虽有自有住房，但住房面积低于当地规定的住房保障面积标准。各地的具体标准则由相应人民政府综合考虑居民收入水平、家庭财产状况、住房状况、家庭结构以及当地政府财政能力、资源环境条件等因素确定。

而所谓的优先给予住房保障，根据我国现有的住房保障制度，若提供的是住房保障租赁补贴，则是指优先审批、优先保障住房保障租赁补贴的提供；若提供的是保障性住房，则是指优先安排被征收人享受住房保障，使其与其他符合住房保障条件的人相比不需要等待轮候保障房。

64. 为什么要进行房屋价值第三方评估？

根据《国有土地上房屋征收与补偿条例》第 17 条的规定，对被征收人的补偿包括：（1）被征收房屋价值的补偿；（2）因征收房屋造成的搬迁、临时安置的补偿；（3）因征收房屋造成的停产停业损失的补偿。其中，被征收房屋价值的补偿占到了房屋征收补偿的绝大多数份额。如何公平合理地确定被征收房屋的价值就成了至关重要的工作。如果由房屋征收部门及其委托的房屋征收实施单位单方确定被征收房屋价值，为减少补偿费用可能会导致价值补偿低于实际房屋价值；如果由被征收人自行申报，被征收人也无法合理预估被征收房屋的价值。单纯参考被征收房屋类似房地产的市场价格，因地段、房屋装饰装修水平的差异，也不能完全体现被征收房屋的价值。由房屋征收部门与被征收人协商确定，因双方地位的不平等性，迫于行政强权往往会产生不利于被征收人的结果。为此，引入独立的专业第三方居中评估就成了较为合适的选择。

为此，《国有土地上房屋征收与补偿条例》第19条规定了被征收房屋的价值，由具有相应资质的房地产价格评估机构按照房屋征收评估办法评估确定。而为保证评估机构与评估结果的中立性，相应地，《国有土地上房屋征收评估办法》第4条规定了房地产价格评估机构一般由被征收人在规定时间内协商选定；在规定时间内协商不成的，由房屋征收部门通过组织被征收人按照少数服从多数的原则投票决定，或者采取摇号、抽签等随机方式确定。办法第6条则规定了房地产价格评估机构选定或者确定后，一般由房屋征收部门作为委托人，向房地产价格评估机构出具房屋征收评估委托书，并与其签订房屋征收评估委托合同。同时，任何单位和个人不得干预房屋征收评估、鉴定活动，与房屋征收当事人有利害关系的，应当回避。

65. 被征收房屋的价值如何确定？

被征收房屋的价值，是指被征收房屋及其占用范围内的土地使用权在正常交易情况下，由熟悉情况的交易双方以公平交易方式在评估时点自愿进行交易的金额，但不考虑房屋租赁、抵押、查封等因素的影响。不考虑租赁因素的影响，是指评估被征收房屋无租约限制的价值；不考虑抵押、查封因素的影响，是指评估价值中不扣除被征收房屋已抵押担保的债权数额、拖欠的建设工程价款和其他法定优先受偿款。

根据《国有土地上房屋征收与补偿条例》第19条的规定，被征收房屋的价值，由具有相应资质的房地产价格评估机构按照房屋征收评估办法评估确定。根据《国有土地上房屋征收评估办法》的规定，受委托的房地产价格评估机构应当安排注册房地产估价师对被征收房屋进行实地查勘，调查被征收房屋状况，拍摄反映被征收房屋内外部状况的照片等影像资料，结合房屋征收部门提供的房屋性质、用途和建筑面积等情况，对房屋价值进行评估。

就评估方法而言，注册房地产估价师应当根据被征收房屋和当地房地产市场状况，选用市场法、收益法、成本法、假设开发法等评估方法中的一种或者多种。若同时选择两种以上评估方法的，应当对各种评估方法的测算结果进行校核和比较分析后，合理确定评估结果。

就评估内容而言，被征收房屋价值评估内容包括被征收房屋的区位、用途、建筑结构、新旧程度、建筑面积、占地面积、土地使用权以及被征收房屋室内装饰装修价值等。其中，被征收房屋室内装饰装修价值，首先由征收人与被征收人协商确定；协商不成的，可以委托房地产价格评估机构通过评估确定。其他各项内容可直接由房地产价格评估机构评估确定。

66. 用于产权调换房屋的市场价值如何确定？

根据《国有土地上房屋征收与补偿条例》第21条的规定，被征收人选择房屋产权调换的，市、县级人民政府应当提供用于产权调换的房屋，并与被征收人计算、结清被征收房屋价值与用于产权调换房屋价值的差价。但是，条例仅在第19条规定了被征收房屋的价值，由具有相应资质的房地产价格评估机构按照房屋征收评估办法评估确定，并未明确规定用于产权调换房屋价值的确定机制。

用于产权调换房屋的价值确定机制具体规定在《国有土地上房屋征收评估办法》中。办法第29条规定，除政府对用于产权调换房屋价格有特别规定外，应当以评估方式确定用于产权调换房屋的市场价值，也就是适用该办法中关于被征收房屋价值评估的规定。但是，产权调换房屋的价值评估与被征收房屋价值评估仍有一定的差别。一方面，被征收房屋价值评估目的应当表述为“为房屋征收部门与被征收人确定被征收房屋价值的补偿提供依据，评估被征收房屋的价值”；用于产权调换房屋价值评估目的应当表述为“为房屋征收部门与被征收人计算被征收房屋价值与用于产权调换房屋价值的差价提供依据，评估用于产权调换房屋的价值”。另一方面，用于产权调换房屋价值的评估，除房地产价格评估机构由被征收人确定外，后续的评估过程被征收人一般不参与。

67. 被征收人拒绝房地产价格评估机构入户调查的，不利后果由谁承担？

情景再现

2015年2月10日，浙江省某市作出房屋征收决定，对包括某甲的房屋在内的国有土地上房屋及附属物进行征收。在完成公告房屋征收决定、选择评估机构、送达征收评估分户报告等法定程序之后，某甲未在签约期限内签署补偿协议、未在规定期限内选择征收补偿方式，且因某甲的原因，评估机构无法入户调查，未能完成被征收房屋的装饰装修及附属物的价值评估工作。

2015年5月19日，该市政府作出房屋征收补偿决定，并向某甲送达。该补偿决定明确了被征收房屋补偿费、搬迁费、临时安置费等数额，决定被征收房屋的装饰装修及附属物经入户按实评估后，按规定予以补偿及其他事项。某甲不服，提起诉讼，请求撤销被诉房屋征收补偿决定。

法律分析

房屋评估报告只有准确反映被征收房屋的价值，被征收人才有可能获得充分合理的补偿。要做到这一点，不仅需要行政机关和评估机构依法依规实施评估，也离不开被征收人自身的配合与协助。如果被征收人拒绝履行配合与协助的义务导致无法评估，不利后果应由被征收人承担。

上述案例中，房地产价格评估机构根据被征收房屋所有权证所载内容并结合前期调查的现场勘查结果，认定被征收房屋的性质、用途、面积、位置、建筑结构、建筑年代等，并据此作出涉案房屋的征收评估分户报告，确定了评估价值（不包括装修、附属设施及未经产权登记的建筑物）。因某甲的原因导致无法入户调查，未能评估被征收房屋的装饰装修及附属物的价值，于是房屋征收补偿决定载明对于被征收房屋的装饰装修及附属物经入户按实评估后按规定予以补偿，这符合《国有土地上房屋征收与补偿条例》第 19 条的规定，并未损害某甲的合法权益。因此造成的不利后果，应当由某甲自行承担。

68. 被征收房屋的评估价值能否低于类似房地产的市场价格？

根据定义，被征收房屋的价值，是被征收房屋及其占用范围内的土地使用权在正常交易情况下，以公平交易方式在评估时点自愿交易产生的金额。这就意味着，被征收房屋的价值可能高于周边类似房地产的市场价格，也可能低于周边类似房地产的市场价格。考虑到被征收人因公共利益需要被征收了房屋而作出的牺牲，我国《国有土地上房屋征收与补偿条例》第19条明确规定，对被征收房屋价值的补偿，不得低于房屋征收决定公告之日被征收房屋类似房地产的市场价格。

以房屋征收决定公告之日为价格评估时点，是因为房地产的市场价格受政策、区位条件等影响明显，房屋征收决定的作出会对征收范围周边的房地产市场造成重大影响，周边房地产价格甚至会上涨一倍至数倍。为此，以房屋征收决定公告之日为计算基准日较为合理。

类似房地产，是指与被征收房屋的区位、用途、权利性质、档次、新旧程度、规模、建筑结构等相同或者相似的房地产。它虽然与被征收房屋无法完全等同，但可以作为参考系，再综合其他因素确定一个相对合适的价格。被征收房屋类似房地产的市场价格，则是指被征收房屋的类似房地产在评估时点（房屋征收决定公告之日）时剔除偶然和不正常因素的平均交易价格。

69. 房地产价格评估机构如何确定？

房地产价格评估机构作为被征收房屋价值的评定者，必须独立、客观、公正，保证被征收房屋的价格评估符合实际情况。同时，被征收房屋的价值作为房屋征收补偿的主要部分，一定程度上也决定了被征收人能够获得的征收补偿，房地产价格评估机构的选定必须符合被征收人的需求，能够维护被征收人的合法权益。

为此，《国有土地上房屋征收与补偿条例》《国有土地上房屋征收评估办法》等规定房地产价格评估机构由被征收人在规定时间内协商选定；在规定时间内协商不成的，由房屋征收部门组织被征收人按照少数服从多数的原则投票决定，或者采取摇号、抽签等随机方式确定。

同时，为保证评估工作的客观公正性，房地产价格评估机构不得采取迎合征收当事人不当要求、虚假宣传、恶意低收费等不正当手段承揽房屋征收评估业务。为保证被征收范围内房屋的价值评估适用一致的标准，保证相对公平，同一征收项目的房屋征收评估工作，原则上由一家房地产价格评估机构承担。房屋征收范围较大的，可以由两家以上房地产价格评估机构共同承担。两家以上房地产价格评估机构承担的，应当共同协商确定一家房地产价格评估机构为牵头单位。牵头单位应当组织相关房地产价格评估机构就评估对象、评估时点、价值内涵、评估依据、评估假设、评估原则、评估技术路线、评估方法、重要参数选取、评估结果确定方式等进行沟通，统一标准。

为确保被征收人选定的房地产价格评估机构不随意变动，《国有土地上房屋征收评估办法》还规定了房地产价格评估机构不得转让或者变相转让受托的房屋征收评估业务，被选定的房地产价格评估机构必须始终自主、独立、客观、公正地开展评估工作。

70. 房地产价格评估机构可以在征收决定作出前确定吗?

情景再现

2012 年 12 月 8 日，商城县房屋征收部门发布《关于某棚户区房屋征收评估机构选择公告》，提供 A、B、C 三家房地产价格评估事务所作为具有资质的评估机构，由被征收人选择。后因征收人与被征收人未能协商一致，商城县房屋征收部门于 12 月 11 日发布《关于某棚户区房屋征收评估机构抽签公告》，并于 12 月 14 日组织被征收人和群众代表抽签，确定 A 房地产价格评估事务所为某棚户区房屋征收的价格评估机构。

2012年12月24日，商城县人民政府作出《关于某棚户区改造建设房屋征收的决定》，某甲长期居住的房屋在征收范围内。2013年5月10日，A房地产价格评估事务所出具了房屋初评报告。商城县房屋征收部门与某甲在征收补偿方案确定的签约期限内未能达成补偿协议，商城县人民政府于2013年7月15日依据房屋评估报告作出《商城县人民政府房屋征收补偿决定书》。某甲不服该征收补偿决定，向人民法院提起诉讼。

法律分析

根据《行政复议法》第28条的规定，具体行政行为违反法定程序的，行政复议机关有权决定撤销、变更或者确认该具体行政行为违法；《行政诉讼法》第70条规定，行政行为违反法定程序的，人民法院应当判决撤销或者部分撤销，并可以判决行政机关重新作出行政行为。由此可见，程序正当对行政行为合法性具有重要意义。《国有土地上房屋征收与补偿条例》第3条也同时规定，房屋征收与补偿应当遵循决策民主、程序正当、结果公开的原则。在房屋征收与补偿中，房屋征收决定作出并公告应当是房屋征收工作正式开始的起点，在此之前，除社会稳定风险评估等征收决定前置工作外，房屋征收部门不能随意将其他工作提前到征收决定前。

上述案例中，商城县人民政府先发布房屋征收评估机构选择公告确定房地产价格评估机构，后作出房屋征收决定，这显然不符合《国有土地上房屋征收与补偿条例》第20条第1款有关“房地产价格评估机构由被征收人协商选定；协商不成的，通过多数决定、随机选定等方式确定，具体办法由省、自治区、直辖市制定”的规定，违反了法定程序。根据《行政复议法》《行政诉讼法》的相关规定，商城县人民政府作出的房屋征收补偿决定应当被撤销。

71. 谁来委托房地产价格评估机构开展房屋价值评估工作？

根据《国有土地上房屋征收评估办法》第4条的规定，房地产价格评估机构由被征收人在规定时间内协商选定；在规定时间内协商不成的，由房屋征收部门通过组织被征收人按照少数服从多数的原则投票决定，或者采取摇号、抽签等随机方式确定。但是，这并不意味着房地产价格评估机构是由被征收人委托开展房屋价值评估工作的。

被征收房屋价值的评估作为房屋征收补偿工作的一部分，本质上是为房屋征收部门服务，帮助房屋征收部门确定被征收房屋价值进而确定房屋征收补偿费用。因此，根据《国有土地上房屋征收评估办法》第6条的规定，房地产价格评估机构选定或者确定后，一般由房屋征收部门作为委托人，向房地产价格评估机构出具房屋征收评估委托书。房屋征收评估委托书应当载明委托人的名称、委托的房地产价格评估机构的名称、评估目的、评估对象范围、评估要求以及委托日期等内容。

同时，为了明确房屋征收部门与房地产价格评估机构之间的权利义务关系，确定房地产价格评估机构的工作职责与工作内容，房屋征收部门还应当与房地产价格评估机构签订房屋征收评估委托合同。房屋征收评估委托合同应当包括如下内容：（1）委托人和房地产价格评估机构的基本情况；（2）负责本评估项目的注册房地产估价师；（3）评估目的、评估对象、评估时点等评估基本事项；（4）委托人应提供的评估所需资料；（5）评估过程中双方的权利和义务；（6）评估费用及收取方式；（7）评估报告交付时间、方式；（8）违约责任；（9）解决争议的方法；（10）其他需要载明的事项。

房屋征收评估费用由房屋征收部门承担。如果被征收人或者房屋征收部门对房地产价格评估机构的评估结果有异议申请复核的，复核评估费用由原房地产价格评估机构承担；对复核结果仍有异议的，被征收人或者房屋征收部门有权向被征收房屋所在地评估专家委员会申请鉴定，鉴定费用由房屋征收部门承担。

72. 被征收人对房屋价值评估结果有异议的应当如何处理？

房屋征收部门在收到房地产价格评估机构提供的被征收房

屋的整体评估报告和分户评估报告后，应当向被征收人转交分户评估报告。被征收人对分户评估报告有疑问的，可以向出具评估报告的房地产价格评估机构问询，评估机构应当作出解释和说明。若在此之后，被征收人对房屋价值评估结果仍然有异议的，则可以向原房地产价格评估机构申请复核评估。但需要注意的是，根据《国有土地上房屋征收评估办法》第 20 条的规定，被征收人应当在收到评估报告之日起 10 日内提出复核申请。

复核评估，是指对原有评估报告中的评估结果，根据在评估过程中收集到的有关被征收房屋价值评定的各项资料进行再分析、再判断。根据《国有土地上房屋征收评估办法》第 21 条的规定，原房地产价格评估机构应当自收到书面复核评估申请之日起 10 日内对评估结果进行复核。复核后，改变原评估结果的，应当重新出具评估报告；评估结果没有改变的，应当书面告知复核评估申请人。如果被征收人对复核结果仍有异议的，则应当在收到复核结果之日起 10 日内，向被征收房屋所在地评估专家委员会申请鉴定。经评估专家委员会鉴定，评估报告不存在技术问题的，应当维持评估报告；评估报告存在技术问题的，出具评估报告的房地产价格评估机构应当改正错误，重新出具评估报告。

若被征收人对评估专家委员会的鉴定意见仍有异议的，根据《国有土地上房屋征收评估办法》第 22 条的规定，被征收人可以依法申请行政复议，也可以依法提起行政诉讼。

73. 房屋价值评估报告未及时送达被征收人将出现什么后果？

情景再现

2012年3月20日，马鞍山市雨山区人民政府发布征收决定，决定对该区某地块内房屋实施征收，某甲名下的房屋位于征收范围内。2012年12月，雨山区房屋征收部门在司法工作人员全程见证和监督下，抽签确定该房屋的房地产价格评估机构为A房地产评估有限公司。2012年12月12日，A房地产评估有限公司向雨山区房屋征收部门提交了对某甲名下房屋作出的市场价值估价报告。2013年1月16日，雨山区人民政府对被征收人某甲作出《房屋征收补偿决定书》。某甲认为，雨山区人民政府作出补偿决定前没有向他送达房屋评估结果，剥夺了他依法享有的权利，遂向人民法院提起行政诉讼，请求依法撤销该《房屋征收补偿决定书》。

法律分析

根据《国有土地上房屋征收与补偿条例》第19条的规定，

被征收房屋的价值，由房地产价格评估机构按照房屋征收评估办法评估确定。被征收人对评估确定的被征收房屋价值有异议的，可以向房地产价格评估机构申请复核评估。对复核结果有异议的，可以向房地产价格评估专家委员会申请鉴定。又根据《国有土地上房屋征收评估办法》第 16 条、第 17 条、第 20 条、第 22 条的规定，房屋征收部门应当将房屋分户初步评估结果在征收范围内向被征收人公示。公示期满后，房屋征收部门应当向被征收人转交分户评估报告。被征收人对评估结果有异议的，自收到评估报告 10 日内，向房地产评估机构申请复核评估。对复核结果有异议的，自收到复核结果 10 日内，向房地产价格评估专家委员会申请鉴定。

上述案例中，雨山区房屋征收部门在收到 A 房地产评估有限公司对被征收房屋作出的商业房地产市场价值评估报告后，未将该报告内容及时送达某甲并公告，致使某甲对其房产评估价格申请复核评估和申请房地产价格评估专家委员会鉴定的权利丧失，属于违反法定程序。据此，人民法院可判决撤销雨山区人民政府作出的《房屋征收补偿决定书》。

74. 房地产价格评估专家委员会如何组成？

根据《国有土地上房屋征收评估办法》第 23 条的规定，各省、自治区住房城乡建设主管部门和设区城市的房地产管理部门应当组织成立评估专家委员会，对房地产价格评估机构做出的房屋评估复核结果进行鉴定。为保证鉴定结果的准确性，评估专家委员会应当具有房地产价格评估的专门知识、专业能力。为此，《国有土地上房屋征收评估办法》第23条同时规定了房地产价格评估专家委员会应当由房地产估价师以及价格、房地产、土地、城市规划、法律等方面的专家组成。

而具体的房屋价格评估复核鉴定，并不是评估专家委员会全体参与，而是由评估专家委员会选派3人以上单数的委员会成员组成专家组进行鉴定。为保证专家组的专业能力，专家组中房地产估价师的数量不得少于二分之一。同时，为确保专家组鉴定的客观中立，专家组中的房地产估价师不得来自原受托进行被征收房屋价格评估的房地产价格评估机构。

75. 房地产价格评估专家委员会如何对被征收房屋价格进行鉴定？

房地产价格评估专家委员会在收到被征收人或者房屋征收部门对原房地产价格评估机构复核结果的鉴定申请之日起10日内，应当选派3人以上单数的委员会成员组成专家组进行鉴定。

就鉴定内容而言，评估专家委员会只鉴定原房屋评估报告的技术问题，即只针对原房屋评估报告的评估程序、评估依据、评估假设、评估技术路线、评估方法选用、参数选取、评估结果确定方式等，而对于非技术性的内容，如房屋区位、用途、建筑结构等的具体认定不作鉴定。

就鉴定过程而言，房地产价格评估机构应当按照评估专家委员会要求，就鉴定涉及的评估相关事宜进行说明。鉴定工作需要对被征收房屋进行实地查勘和调查的，有关单位和个人应当协助；需要查询被征收房屋和用于产权调换房屋权属以及相关房地产交易信息的，房地产管理部门及其他相关部门应当提供便利。

就鉴定结果而言，评估专家委员会的鉴定结果以书面鉴定意见的形式呈现：经评估专家委员会鉴定，评估报告不存在技术问题的，应当维持评估报告；评估报告存在技术问题的，出具评估报告的房地产价格评估机构应当改正错误，重新出具评估报告。

76. 被征收人在规定期限内未对房屋价值评估结果提出异议，后期能否以此为由不签订补偿协议或对补偿决定申请复议或提起诉讼？

情景再现

2015年4月3日，江苏省盐城市亭湖区人民政府作出青年路北侧地块建设项目房屋征收决定并予以公告，同时公布了征收补偿实施方案，确定亭湖区住房和城乡建设局为房屋征收部门。某甲、某乙两人的房屋位于征收范围内。其后，亭湖区住建局公示了4家评估机构，并按法定方式予以确定。2015年4月21日，该局公示了分户初步评估结果，并告知被征收人10日内可申请复估。后给两人留置送达了《房屋分户估价报告单》《装饰装潢评估明细表》《附属物评估明细表》，两人未书面申请复估。

2016年7月26日，亭湖区住建局向两人发出告知书，要求其选择补偿方式，逾期将提请亭湖区政府作出征收补偿决定。两人未在告知书指定期限内选择，也未提交书面意见。2016年10月10日，亭湖区政府作出征收补偿决定书，经公证后向两人送达，且在征收范围内公示。两人不服，以亭湖区政府为被告提起行政诉讼，请求撤销上述征收补偿决定书。

法律分析

《国有土地上房屋征收与补偿条例》确立了征收补偿应当遵循决策民主、程序正当、结果公开原则，并对评估机构选择、评估过程运行、评估结果送达以及申请复估、申请鉴定等关键程序作了具有可操作性的明确规定。在房屋征收补偿过程中，行政机关不仅要做到实体合法，也必须做到程序正当。

上述案例的裁判中，人民法院认定征收补偿过程中，亭湖区住建局在被征收人未协商选定评估机构的情况下，在公证机构的公证下于2015年4月15日通过抽签方式依法确定仁某估价公司为评估机构。亭湖区政府根据某甲、某乙的户籍证明、房屋登记信息表等权属证明材料，确定被征收房屋权属、性质、用途及面积等，并将调查结果予以公示。涉案评估报告送达给某甲、某乙后，其未在法定期限内提出异议。亭湖区政府依据分户评估报告等材料，确定涉案房屋、装饰装潢、附属物的价值，并据此确定补偿金额，并无不当。征收部门其后书面告知两人有权选择补偿方式。在两人未在规定期限内选择的情形下，亭湖区政府为充分保障其居住权，根据亭湖区住建局的报请，按照征收补偿方案作出房屋征收补偿决定，确定以产权调换的补偿方式进行安置，依法向其送达，符合法律规定。基于此，人民法院作出了驳回原告诉讼请求的判决。

由此可以看出，在房屋征收部门严格遵守程序规定的情况下，被征收人在规定期限内未对房屋价值评估结果提出异议的，后期不能以此为由不签订补偿协议或对补偿决定申请复议或提起诉讼。即使申请复议或提起诉讼，也不会得到支持。

77. 征收设有抵押权的房屋如何进行补偿？

所谓设有抵押权的房屋，是指房屋所有人以其所有的房屋作为抵押标的物，向抵押权人设定抵押，存在抵押权限制的房屋。房屋所有权人在日常经济活动中以自有房屋所有权设置抵押担保是很常见的现象。《国有土地上房屋征收与补偿条例》虽未对设有抵押权的房屋的征收问题作出规定，但结合《民法典》《城市房地产抵押管理办法》仍能够予以解决。

根据《民法典》第390条的规定，抵押期间，抵押财产毁损、灭失或者被征收等，抵押权人可以就获得的保险金、赔偿金或者补偿金等优先受偿；被担保债权的履行期未届满的，也可以提存该保险金、赔偿金或者补偿金等。又根据《城市房地产抵押管理办法》第38条的规定，因国家建设需要，将已设定抵押权的房地产列入拆迁范围的，抵押人应当及时书面通知抵押权人；抵押双方可以重新设定抵押房地产，也可以依法清理债权债务，解除抵押合同。

根据上述条文，结合征收实际，对设有抵押权的房屋进行征收时，应当按以下程序进行补偿：设有抵押权的房屋依法被征收的，应首先及时通知抵押权人。抵押标的物的灭失，将直接影响抵押人的利益。因此，设立抵押权的房屋被纳入征收范围的，被征收人应当及时通知抵押权人，房屋征收部门也有义务将房屋的征收补偿情况及时通知抵押权人。

征收补偿时，被征收人选择货币补偿方式的，由于货币补偿是一种买卖的房屋变价，是一种征收人支付现金补偿后注销房屋产权的方法，必然导致抵押标的物的灭失，影响抵押权人的合法利益。为保证以房屋担保的债权债务关系不受房屋征收的影响，保护抵押权人的合法利益，抵押权人可以行使代位求偿权，将抵押房产的征收补偿款或提前清偿债务，或提存。对被征收人选择产权调换方式进行征收补偿的，应当由抵押权人和抵押人（即被征收人）就产权调换房重新签订房屋抵押协议。除上述以征收补偿所得财产提存、清偿债务或重新设立抵押权的方式外，也可以由抵押人（被征收人）在房屋征收之前与抵押权人以别的标的物重新设立抵押权，建立新的抵押关系，或者由抵押人（被征收人）清偿债务，结束抵押关系。被征收人则可以自行受领征收补偿款或产权调换房屋。

78. “住改非”房屋能否获得停产停业损失的补偿？

“住改非”房屋，是指产权性质虽然为住宅，但是已经依法取得营业许可，从事营业性活动的房屋。这些房屋虽然登记性质为住宅，但实际上已经是经营性用房。根据《国有土地上房屋征收与补偿条例》的规定，对于因征收房屋造成停产停业损失的经营性用房，应当根据房屋被征收前的效益、停产停业期限等因素予以补偿。那么，那些“住改非”房屋能否获得停产停业损失补偿呢？

为减少房屋征收过程中的社会矛盾和征收纠纷，处理“住改非”房屋，应当坚持“尊重历史，实事求是”的原则。根据《国务院办公厅关于认真做好城镇房屋拆迁工作维护社会稳定的紧急通知》的要求，对于房屋征收范围内，虽然产权性质登记为住宅，但实际已经依法取得营业许可并进行营业性活动的房屋，也即“住改非”房屋，不能一刀切地将其认定为住宅而不予以停产停业损失补偿，应当尊重事实，根据这些房屋的经营情况、经营年限以及纳税等实际情况给予适当的补偿。对于那些产权性质为住宅，非法开展经营活动的房屋，则应当严格依照《国有土地上房屋征收与补偿条例》等的规定，给予其房屋价值补偿、搬迁补偿等，但不能给予其停产停业损失补偿。

79. 房屋征收时对临时建筑如何处理？

临时建筑是指单位和个人因生产、生活需要临时建造使用，结构简易并且应当在规定期限内拆除的建（构）筑物或其他设施，如窝棚、工棚等棚屋及短期性质的展示用房（样板房、展览房）等。临时建筑一般在结构上不得超过两层，在建筑用材上除工程特殊需要外，一般不采用现浇钢筋混凝土等耐久性结构形式。

根据《城乡规划法》第 44 条的规定，在城市、镇规划区内进行临时建设的，应当经城市、县人民政府城乡规划主管部门批准；临时建设影响近期建设规划或者控制性详细规划的实施以及交通、市容、安全等的，不得批准。在我国的地方实践中，临时建筑的用途大多限于建设项目施工、地质勘查以及急需的公共服务配套设施需要。《城乡规划法》第44条同时规定了临时建设应当在批准的使用期限内自行拆除，使用期限最长不超过两年。对于依法经过批准建造，且在批准期限内的临时建筑，应当视为合法建筑，因房屋征收而被拆除的，会对临时建筑的所有人带来一定的经济损失。

因此，对合法建筑和未超过批准期限的临时建筑，应当给予征收补偿；对于未经批准建造或超过批准期限未自行拆除的临时建筑，则不应当给予补偿。而对于未超过批准期限的临时建筑的补偿，则应当按照已使用期限的剩余价值参考剩余使用期限确定。

80. 哪些建筑属于违法建筑？

违法建筑是指无土地使用权来源或土地使用权来源违法，未按照我国《城乡规划法》及其他城乡规划管理法律法规要求取得建设工程规划许可证或者违反建设工程规划许可证的规定进行建设的建筑。就违法性而言，违法建筑一般可分为违反土地管理制度的违法建筑及违反城乡规划制度的违法建筑。

结合《土地管理法》第74条、第77条，违反土地管理制度的违法建筑包括以下几种：（1）擅自在农用地上建设的建筑；（2）未经批准占用土地建设的建筑；（3）采用欺骗手段占用土地建设的建筑。

根据《城乡规划法》第40条的规定，在城市、镇规划区内进行建筑物、构筑物、道路、管线和其他工程建设的，必须取得建设工程规划许可证。结合《城乡规划法》第64条、第66条，违反城乡规划管理制度的违法建筑主要包括以下几种：（1）未申请建设用地规划许可证和建设工程规划许可证或申请未获批准，无证建设的建筑；（2）擅自改变建设工程规划许可证的规定建成的建筑；（3）擅自改变了使用性质建成的建筑；（4）擅自将临时建筑建设成为永久性的建筑。

一般来说，在《土地管理法》《城乡规划法》出台后，符合上述情况的建筑都会被认定为违法建筑。而在两法出台之前建设的，则需要结合当时具体的法律法规及历史因素来认定。

81. 房屋征收时对违法建筑如何处理？

在不涉及房屋征收时，对于违法建筑的处理一般分为两类：一是对违反土地管理制度违法建筑的处理；二是对违反城乡规划制度违法建筑的处理。

对违反土地管理制度违法建筑的处理。根据《土地管理法》第74条、第77条、第83条等的规定，对违反土地管理制度违法建筑的处理方式一般有以下5种：(1)对违反土地利用总体规划擅自将农用地改为建设用地的，限期拆除在非法转让的土地上新建的建筑物和其他设施，恢复土地原状；(2)对符合土地利用总体规划的，没收在非法转让的土地上新建的建筑物和其他设施，可以并处罚款；(3)超过批准的数量占用土地，多占的土地以非法占用土地按上述两种方式处理；(4)以买卖或者其他形式非法转让土地的，土地行政主管部门没收违法所得，可并处罚款，罚款额为非法所得的50%以下；(5)未经批准或者采取欺骗手段骗取批准，非法占用土地的，由县级以上人民政府土地行政主管部门责令退还非法占用的土地，可以并处罚款，罚款额为非法占用土地每平方米30元以下。

对违反城乡规划制度违法建筑的处理。根据《城乡规划法》第64条的规定，处理方式一般有以下3种：(1)正在建设的，由县级以上地方人民政府城乡规划主管部门责令停止建设；(2)尚可采取改正措施消除对规划实施的影响的，限期改正，处建设工程造价5%以上10%以下的罚款；(3)无法采取改正措施消除影响的，限期拆除，不能拆除的，没收实物或者违法收入，可以并处建设工程造价10%以下的罚款。

在房屋征收工作中，若征收范围内存在已经建成的违法建筑或者正在建造的违法建筑，违法情节轻微，建筑所有人通过改正消除了影响并且按照规定缴纳了罚款，进而被认定为合法建筑的，在征收时可以将它们视为合法建筑进行补偿。而对于那些无法采取改正措施消除影响，也就是无法转变为合法建筑的违法建筑，根据《国有土地上房屋征收与补偿条例》第 24 条的规定，应当不予补偿；县级以上地方人民政府城乡规划主管部门同时要责令违法建筑所有人限期拆除，不能拆除的，没收实物或者违法收入，可以并处建设工程造价 10% 以下的罚款。

82. 未登记的建筑是否就是违法建筑？

“未登记的建筑”是指符合建筑物一般特征，没有房屋产权登记且未经有权机关依法认定的建筑物或者构筑物。未经登记的建筑一般具有以下特征：

一是符合一般建筑物的特征。依照《民用建筑设计术语标准》的定义，建筑物即用建筑材料构筑的空间和实体，供人们居住和进行各种活动的场所。未经登记的建筑首先要满足前述一般建筑物的特征，亭棚、简易阳光房、自行车棚等不具备人类必要的居住条件的建筑物体不是未经登记的建筑。

二是没有依法登记。这里的登记，仅指在房屋登记部门的登记簿上进行登记的行为，不包括在市场监管、税务、民政、土地等其他登记部门进行的登记。

三是合法与否待定。未经登记的建筑的特点，是建造人已经完成建造行为，但其合法与否有赖于相关执法部门认定。实践中，未经登记的建筑主要包括以下几种：（1）未经规划部门许可所建造的建筑，如未取得规划部门核发的建设工程规划许可证建造的房屋，或者超过建设工程规划许可证规定的建造范围建造的建筑；（2）未经国土资源部门许可所建造的建筑，如非法占用农用地、耕地建造的建筑物；（3）未经建设部门许可所建造的建筑，如未办理建设工程许可证所建造的建筑；（4）未经房屋产权登记部门登记的建筑，如为了规避税费故意不登记，或者因为行政区划调整等客观上无法办理登记等；（5）未经其他有权部门许可所建造的建筑物或者构筑物，如违反《公路法》第56条第1款的规定，未经公路行政主管部门的批准，在公路两侧建筑控制区内所建造的建筑。

上述类型的未登记建筑是不是违法建筑，应当结合具体的情况确定，并无统一的认定标准。《国有土地上房屋征收与补偿条例》也没有明确相关的认定标准，而是在第24条规定，市、县级人民政府作出房屋征收决定前，应当组织有关部门依法对征收范围内未经登记的建筑进行调查、认定和处理：（1）对认定为合法建筑和未超过批准期限的临时建筑的，应当给予补偿；

（2）对认定为违法建筑和超过批准期限的临时建筑的，不予补偿。因此，未经登记的建筑并不必然会被认定为违法建筑，需结合具体情况具体认定。

83. 哪些情况下，房屋登记机构不会予以房屋登记？

房屋登记，是指不动产登记机构依法将房屋权利和其他应当记载在不动产登记簿上的事项予以记载的行为。根据《不动产登记暂行条例》的规定，申请房屋登记的，应当提交以下材料：（1）登记申请书；（2）申请人、代理人身份证明材料、授权委托书；（3）相关的房屋权属来源证明材料、登记原因证明文件、房屋权属证书；（4）房屋界址、空间界限、面积等材料；（5）与他人有利害关系的说明材料；（6）法律、行政法规以及《不动产登记暂行条例实施细则》规定的其他材料。不动产登记机构受理后，依法查验相关信息后作出是否予以登记的决定。

根据《不动产登记暂行条例》第22条的规定，若申请房屋登记存在下列情形之一的，不动产登记机构应当不予登记，并书面告知申请人：（1）违反法律、行政法规规定的；（2）存在尚未解决的权属争议的；（3）申请登记的不动产权利超过规定期限的；（4）法律、行政法规规定不予登记的其他情形。

如果申请人不服不动产登记机构不予房屋登记决定的，可以依法申请行政复议或者行政诉讼寻求权利救济。

84. 拆除违法建筑应当遵循什么程序？

情景再现

2012年，仁化县人民政府规划建设某经济产业基地，需要征收该县周田镇部分国有土地上的房屋。某甲的房屋在被征收范围之内，但该房屋属于未经规划批准的违法建筑物。2012年8月至2013年7月，仁化县人民政府先后在被征收房屋范围内张贴《关于禁止抢建的通告》《房屋征收通告》《房屋征收预公告》《关于责令停止一切违建行为的告知书》等文书，以调查笔录等形式告知某甲，他所有的房屋为违法建筑。2012年10月、2013年6月，仁化县国土资源局分别发出两份《通知》，再次确认某甲的房屋为违法建筑。

2013年7月12日凌晨5时许，在未发强行拆除通知、未予公告的情况下，仁化县人民政府组织人员对某甲的房屋实施强制拆除。某甲向广东省韶关市中级人民法院提起行政诉讼，请求确认仁化县人民政府强制拆除行为违法。

法律分析

违法建筑不仅违反了我国《城乡规划法》及其他城乡规划管理法律法规的规定，影响了城市的具体规划，破坏了城市的整体市容市貌。同时，违法搭建的非法建筑因建筑设计、建筑工程等缺乏监督，往往存在很大的安全隐患。为此，根据《城乡规划法》第 64 条和第 68 条的规定，当违法建筑的所有人无法采取改正措施消除对城市规划的影响以及安全隐患时，县级以上人民政府城乡规划主管部门可以责令其限期拆除；不在限期内拆除的，建设工程所在地县级以上地方人民政府可以责成有关部门采取查封施工现场、强制拆除等措施。又根据我国《行政强制法》第 44 条的规定，对违法的建筑物、构筑物、设施等需要强制拆除的，应当由行政机关予以公告，限期当事人自行拆除。当事人在法定期限内不申请行政复议或者提起行政诉讼，又不拆除的，行政机关可以依法强制拆除。

因此，根据上述法律法规的规定，拆除违法建筑至少需要经过以下程序：（1）确认违法建筑应当拆除。对于那些可以通过改正措施消除对城乡规划的影响以及安全隐患的违法建筑，或者拆除违法建筑带来的收益小于拆除的成本和损失，或者违法建筑无法拆除的，可以不予拆除，而其他违法建筑则应当予以拆除，以维护法律的权威性、城乡规划的合理性和居民生产生活的安全性。（2）作出强制拆除公告，限期拆除。违法建筑确需拆除的，县级以上人民政府城乡规划主管部门应当对此作出公告，并要求违法建筑所有人在公告规定的时限内自行拆除。违法建筑的所有人对于强制拆除决定不服的，可以依法在法定期限内申请行政复议或者提起行政诉讼，若行政复议或行政诉讼请求被驳回，则仍要拆除。（3）行政机关依法强制拆除。违法建筑的所有人在法定期限内不申请行政复议或者提起行政诉讼，或者行政复议、行政诉讼请求被驳回，又不在限期内自行拆除违法建筑的，违法建筑所在地县级以上地方人民政府就可以责成有关部门依法强制拆除。

应当注意的是，行政机关应当对违法建筑的拆除予以公告并通知当事人限期拆除，同时也应当告知其相应的救济途径。只有当通知中规定的期限届满后房屋所有人既没有自行拆除又没有采取法定的救济途径的，行政机关才有权力对该违法建筑予以强制拆除。如果房屋被认定为违法建筑后没有经过任何程序而直接被强拆，房屋所有人可以向人民法院提起行政诉讼以维护自己的合法权益。经人民法院认定行政机关的强拆行为违法的，房屋所有人能够依据法院的认定提起相应的法律程序，以追究行政机关的相应责任，从而最终维护合法权益。

上述案例中，虽然某甲的房屋属于违法建筑，但仁化县人民政府在 2013 年 7 月 12 日凌晨对某甲的房屋进行强制拆除，程序上存在严重瑕疵，即采取强制拆除措施前未向某甲发出强制拆除通知，未张贴公告限期自行拆除，违反了《行政强制法》第44条的规定。而且，仁化县人民政府在凌晨实施行政强制执行，不符合《行政强制法》第43条第1款有关“行政机关不得在夜间或者法定节假日实施强制执行”的规定。因此，仁化县人民政府于2013年7月12日对某甲房屋实施的行政强制拆除的具体行政行为应属违法。

第二节　房屋征收补偿方式

85. 房屋征收补偿的形式有哪些?

根据《国有土地上房屋征收与补偿条例》第21条的规定，房屋征收补偿的形式主要有两类，即货币补偿与房屋产权调换。货币补偿是指在房屋征收补偿中，作出征收决定的市、县级人民政府以被征收房屋的市场评估价为标准，对被征收人进行的货币形式的补偿。房屋产权调换则是指作出征收决定的市、县级人民政府可以提供用于产权调换的房屋与被征收房屋进行调换，同时计算用于产权调换的房屋价值与被征收房屋价值的差价，并与被征收人结清差价。产权调换一般有两种方式，一种是价值标准产权置换，即依照法定程序，对被拆迁人房屋的产权价值进行评估，再以新建房屋的产权予以价值的等价置换；另一种是面积标准产权置换，指的是以房屋建筑面积为基础，在应安置面积内不结算差价的异地产权房屋调换。

货币补偿与房屋产权调换作为房屋征收补偿的两种形式，

各有优劣。货币补偿方式对于有资金需求的被征收人来说，能够快速获取资金，解决需求；对于希望改善住房条件，选择更好区位、更好户型的被征收人来说，货币补偿方式也使得他们有选择的机会。然而，虽然条例第 19 条规定了对被征收房屋价值的补偿不得低于房屋征收决定公告之日被征收房屋类似房地产的市场价格，但在被征收人选择货币补偿另行购房时，可能面临因房地产市场变化买不到更好的或者类似房地产的情况。而房屋产权调换中，政府所提供的用于产权调换的房屋一般为安置房，因安置房土地成本低，被征收人能够以较低的价格调换住房并且能够获得差价补偿，或者能够调换更大面积的住房。但是安置房并非现实建成的，被征收人的房屋被征收后至安置房交付使用有着几年的时间差，在这段时间内被征收人只能被临时安置。

86. 被征收人是否对补偿方式有选择权？

情景再现

2011 年 10 月 29 日，淮安市淮阴区人民政府发布《房屋征收决定公告》，决定对银川路东旧城改造项目规划红线范围内的房屋和附属物实施征收。同日，淮阴区人民政府发布《银川路东地块房屋征收补偿方案》，某甲的房屋在上述征收范围内。在征收补偿商谈过程中，某甲向征收部门表示选择产权调换，但双方就产权调换的地点、面积未能达成协议。2012年6月14日，淮阴区人民政府依征收部门申请作出《房屋征收补偿决定书》，决定对某甲被征收房屋的补偿方式为货币补偿。某甲不服，向淮安市人民政府申请行政复议，后淮安市人民政府复议维持本案征收补偿决定。某甲仍不服，遂向法院提起行政诉讼，要求撤销淮阴区人民政府对其作出的征收补偿决定。

法律分析

根据《国有土地上房屋征收与补偿条例》第21条的规定，被征收人可以选择货币补偿，也可以选择房屋产权调换。而实践中不少“官”民矛盾的产生，就源于市、县级人民政府在作出补偿决定时，没有给被征收人选择补偿方式的机会而径自加以确定。如在上述案例中，被征收人某甲虽未与房屋征收部门就征收补偿事宜达成补偿协议，但已明确表示了选择产权调换的补偿方式。房屋征收部门应当对某甲的选择予以尊重，即使双方最终无法达成补偿协议，而以补偿决定的方式落实补偿事宜，其中确定的补偿方式也应当是某甲选择的产权调换，政府机关仅在确定产权调换房的地点、面积等方面拥有行政裁量权。

87. 房屋共有人如果在选择补偿方式时发生矛盾如何处理？

共有是指两个以上的权利主体对同一物共享所有权，在房屋征收工作中具体是指两个以上的权利主体对同一被征收房屋共同享有所有权。根据我国《民法典》的规定，共有可分为按份共有与共同共有。

按份共有是指共有人按各自的份额对同一财产享有所有权。其具有以下特征：（1）各共有人有确定的份额，他们按份分享权益，分担费用。（2）对共有财产的管理，由共有人协商进行。意见不一致时，按多数份额的意见进行管理，但不得损害其他人的利益。（3）对共有财产除协商处分外，各共有人对自己的份额可以出卖、赠与，并可继承。但在出卖时，其他共有人有优先购买权。（4）在共有财产受到侵害时，每一位共有人都有权请求返还原物、排除妨碍和赔偿损失，以维护共有的权益。（5）在分割时按份分配。

共同共有是指各共有人基于共同关系，对共有财产享有平等的所有权。共同共有具有如下特征：（1）共同共有的基础是共同关系，最常见的是夫妻家庭财产。夫妻对共有财产不分各自的份额，在共同关系存续期间也不能要求分割。（2）共同共有人对共有财产有平等的所有权，他们经平等协商对共有财产进行管理、支配和处分。（3）共同共有人对共有财产也承担平等的义务，对外就共同财产负连带责任。（4）在共同关系终止时，对共有财产进行分割，应经平等协商，确定各自的份额。如果意见不一致，可诉请法院处理。也有的共同共有人对共有财产享有的所有权是不平等的，如继承人对未经分析的遗产、合伙人对合伙财产等。

房屋征收中，除共有人另有约定外，对于按份共有的房屋，若共有人对补偿方式协商一致的，可以根据共有人共同选择的补偿方式予以补偿。如果共有人对补偿方式存在矛盾的，原则上应按照《民法典》的规定，按照持有多数份额（三分之二以上）的共有人的意见进行处理，即若持有多数份额的共有人选择货币补偿或者房屋产权置换的，被征收房屋整体就采用货币补偿或者房屋产权置换。但如果按份共有人对补偿方式存在矛盾的，共有人要求对其份额单独补偿，且房屋可以按份额进行实物分割的，也可以分别确定补偿方式，部分共有人采用货币补偿，部分共有人采用房屋产权置换的方式；房屋不可以按份额进行实物分割，且共有人达不成多数意见的，一般按照货币补偿方式予以补偿。

对于共同共有的房屋，根据《民法典》第301条的规定，除共有人另有约定外，原则上补偿方式的确定必须经各共有人协商一致。如果各共有人间对补偿方式存在矛盾无法协商一致的，由于共有人并不享有实物分割的权利，一般会按照货币补偿方式予以补偿。

88. 房屋征收补偿中的货币补偿方式有最高额限定吗?

《国有土地上房屋征收与补偿条例》第19条规定:“对被征收房屋价值的补偿,不得低于房屋征收决定公告之日被征收房屋类似房地产的市场价格。被征收房屋的价值,由具有相应资质的房地产价格评估机构按照房屋征收评估办法评估确定……”因此,房屋征收部门征收被征收人房屋时,被征收人选择货币补偿方式的,可以获得的补偿款不得低于房屋征收决定公告之日被征收房屋类似房地产的市场价格。而房地产价格评估机构根据被征收房屋的区位、用途、权利性质、档次、新旧程度、规模、建筑结构等,会得出被征收房屋的评估价值。

同时,除对被征收房屋价值的补偿外,被征收人还可以获得因征收房屋造成的搬迁、临时安置的补偿,以及可能因征收房屋造成的停产停业损失的补偿。由此,我国《国有土地上房屋征收与补偿条例》等法律法规仅规定了被征收人因房屋征收可获得的货币补偿的数额有最低限额,没有最高限额。在房屋征收过程中,如果房屋征收部门为控制房屋征收补偿费用,限制单间被征收房屋货币补偿的最高额,对被征收人表示无论被征收房屋的装饰装修如何豪华、房屋档次如何高,最多能获得的补偿也是有一定限度的，导致高档次房屋获得的补偿等于相对低档次房屋获得的补偿，是没有法律依据的。房屋征收部门应当结合被征收房屋的评估价值及其他因素，给予被征收人充分、合理的补偿。

89. 家里人口越多获得的补偿越多吗？

很多人认为，家里人口越多获得的征收补偿就会越多，这其实是一个误解。根据《国有土地上房屋征收与补偿条例》第 17 条的规定，作出房屋征收决定的市、县级人民政府对被征收人给予的补偿包括被征收房屋价值的补偿，因征收房屋造成的搬迁、临时安置的补偿，和因征收房屋造成的停产停业损失的补偿三部分。其中，第一部分的补偿与被征收房屋的区位、用途、权利性质、档次、新旧程度、规模、建筑结构等有关，第三部分的补偿则专属于经营性用房，根据房屋被征收前的效益、停产停业期限等因素确定。被征收房屋价值的补偿与停产停业损失的补偿均与被征收人家庭人口数无关。只有第二部分因征收房屋造成的搬迁、临时安置的补偿费用跟人口数略有关系。

根据条例第 22 条的规定，因征收房屋造成搬迁的，房屋征收部门应当向被征收人支付搬迁费；选择房屋产权调换的，产权调换房屋交付前，房屋征收部门应当向被征收人支付临时安置费或者提供周转用房。被征收人家庭人口越多，需要的周转用房面积就越大，临时安置费也会越多。但是，就整个房屋征收补偿而言，这部分的差别影响并不大。所以，从总体上来说，房屋征收补偿的数额跟人口多少没有必然联系，不是说人口越多获得的补偿就越多。但并不排除部分地区考虑到被征收人的安置问题，将产权调换房的面积与被征收人的家庭人口数挂钩的情况，即在以被征收房屋价值为主要衡量标准外，另以被征收人家庭人口数为参考确定产权调换房的大小。

90. 被征收人已经选择了一种补偿方式，还能再改选另一种补偿方式吗?

在房屋征收补偿中，被征收人享有对补偿方式的选择权。根据《国有土地上房屋征收与补偿条例》第 21 条的规定，被征收人可以选择货币补偿，也可以选择房屋产权调换。那么，被征收人已经选择了一种补偿方式，还能再改选另一种补偿方式吗？答案取决于被征收人提出更改申请的时间。

根据条例第 25 条的规定，为落实房屋征收补偿事宜，房屋征收部门应当与被征收人就补偿方式、补偿金额和支付期限、用于产权调换房屋的地点和面积、搬迁费、临时安置费或者周转用房、停产停业损失、搬迁期限、过渡方式和过渡期限等事项订立补偿协议。因此，在房屋征收补偿协议签订后，补偿方式应当是确定的，房屋征收部门与被征收人均应当受房屋征收补偿协议的约束，根据协议约定的补偿方式进行房屋征收补偿。由此，在房屋征收补偿协议签订后，被征收人就不能对被征收房屋的补偿方式提出变更请求。而在这之前，被征收人还可以就补偿方式与房屋征收部门再协商。

如果房屋征收部门与被征收人在征收补偿方案确定的签约期限内达不成补偿协议，而通过房屋征收部门报请作出房屋征收决定的市、县级人民政府按照征收补偿方案作出补偿决定确定补偿方式的，因为该补偿方式不是由被征收人主动选择的，被征收人如果有异议，可以请求改选另一种补偿方式。但是，根据条例第26条的规定，被征收人应当通过行政复议或行政诉讼的方式提出诉求。

91. 房户分离的被征收人能够获得补偿吗？

随着我国经济社会的发展，居民的住房情况得到不断改善，许多居民不再仅拥有一套住房，而是拥有两套甚至更多的住房。而根据我国《户口登记条例》的规定，一个居民只能在一个地方登记常住户口，就出现了房户分离的现象，即居民的户口并不在其拥有的房屋之上。同时，随着人口流动性的不断提高，我国居民在非户口所在地购房置业的情况也日益增多，异地购房居民因各种原因不迁移户口时，也加剧了房户分离的现象。在房户分离日渐增多的情况下，如果被征收房屋的所有权人户口并未登记在被征收房屋之上的，是否会影响被征收人获得征收补偿？又或者说，某甲户口登记在A市，他在B市所有的房屋被征收时，他能否与户口在B市的被征收人享有同等的征收补偿？

应当明确的是，房屋征收补偿与被征收人的户口没有关系，只要被征收的房屋是被征收人的合法财产，被征收人对该房屋享有房屋产权，在房屋被征收时他就可以获得补偿，而且房户分离对他能够获得的补偿数额并无影响。根据《国有土地上房屋征收与补偿条例》第2条的规定，为了公共利益的需要，征收国有土地上单位、个人的房屋，应当对被征收房屋的所有权人（被征收人）给予公平补偿。这里获得补偿的充分条件就是获得补偿的被征收人是被征收房屋的所有权人，并没有对户口问题提出任何限制。因此，因户籍原因降低被征收人的补偿标准，减少征收补偿数额都是没有法律依据的违法行为。因此受到不公平待遇遭受损失的被征收人可以依法通过行政复议或行政诉讼维护自身的合法权益。

92. 夫妻一方在婚前所买的房屋在婚后被征收，补偿款归谁所有？

情景再现

某甲与某乙在2015年结婚。婚前某甲以200万元的价格购买了双方所在城市的一处房屋，婚后由夫妻双方共同居住。2017年，该房屋被纳入征收范围，房屋征收部门与某甲、某乙签订了征收补偿协议。根据该协议，某甲、某乙共获得该房屋价值补偿款300余万元、签约搬迁补贴30余万元、奖励10万元及其他各项补贴奖励，共计350余万元。

2018年，某乙起诉要求与某甲离婚，并要求依法分割夫妻财产，包括上述征收补偿收益。某甲认为被征收房屋是自己婚前个人购买，应当属于个人财产，相应的征收补偿收益也应当归自己个人所有，不同意与某乙共享；某乙认为征收补偿收益应当是夫妻共同财产，应当进行分割。

法律分析

根据我国《婚姻法》第18条、第19条（现《民法典》第1063条、第1065条）的规定，除夫妻双方另有约定外，下列财产属于夫妻一方的财产：（1）一方的婚前财产；（2）一方因身体受到伤害获得的医疗费、残疾人生活补助费等费用；（3）遗嘱或赠与合同中确定只归夫或妻一方的财产；（4）一方专用的生活用品；（5）其他应当归一方的财产。因此，夫妻一方在婚前付清房款所买的房屋，应当属于夫或妻一方的财产。那么，作为夫或妻一方财产的房屋在婚后被征收的，补偿款应当归谁所有呢？

根据《最高人民法院关于适用〈中华人民共和国婚姻法〉若干问题的解释（三）》第5条的规定，夫妻一方个人财产在婚后产生的收益，除孳息和自然增值外，应认定为夫妻共同财产。又根据《国有土地上房屋征收与补偿条例》第17条的规定，房屋被征收后被征收人可获得的补偿包括被征收房屋价值的补偿，因征收房屋造成的搬迁、临时安置的补偿，以及因征收房屋造成的停产停业损失的补偿。在房屋征收补偿协议中，一般也会对上述三笔费用作出明确区分说明。

对照《最高人民法院关于适用〈中华人民共和国婚姻法〉若干问题的解释（三）》的规定，对被征收房屋价值的补偿，基于被征收房屋的区位、用途、建筑结构、新旧程度、建筑面积、占地面积、土地使用权以及被征收房屋室内装饰装修价值等，实际上是对房屋及其自然增值的补偿，应当属于夫妻一方个人财产。而因征收房屋造成的搬迁、临时安置的补偿以及因征收房屋造成的停产停业损失的补偿，不对应房屋价值，又不属于孳息抑或自然增值，应当是夫妻共同财产。

也就是说，房屋征收补偿款中，对被征收房屋价值的补偿应当属于婚前购房的夫或妻一方所有；因征收房屋造成的搬迁、临时安置的补偿以及因征收房屋造成的停产停业损失的补偿，应当归夫妻双方共同所有，双方应根据《婚姻法》第 39 条（现《民法典》第 1087 条）的规定，首先协议处理，协议不成的由人民法院根据财产的具体情况，按照顾子女和女方权益的原则判决。

93. 一方婚前付首付婚后夫妻共同还贷的房屋被征收，补偿款归谁所有？

情景再现

某甲与某乙在 2015 年结婚。婚前某甲以商业按揭贷款的形式以 200 万元的价格购买了双方所在城市的一处房屋，并付清了首付款 60 万元，婚后由夫妻双方共同居住、共同还贷，房屋登记在某甲名下。2017 年，该房屋被纳入征收范围，房屋征收部门与某甲、某乙签订了征收补偿协议。根据该协议，某甲、某乙共获得该房屋价值补偿款 300 余万元、签约搬迁补贴 30 余万元、奖励 10 万元及其他各项补贴奖励，共计 350 余万元。

2018 年，某乙起诉要求与某甲离婚，并要求依法分割夫妻财产，包括上述征收补偿收益。某甲认为被征收房屋是自己婚前个人购买，应当属于个人财产，相应的征收补偿收益也应当归自己个人所有，不同意与某乙共享；某乙认为自己与某甲共同还贷，征收补偿收益应当由夫妻共同共有，应当进行分割。

法律分析

类似于夫妻一方在婚前所买的房屋在婚后被征收的情形，因征收房屋造成的搬迁、临时安置的补偿以及因征收房屋造成的停产停业损失的补偿，应当归夫妻双方共同所有。双方应当根据《婚姻法》第 39 条（《民法典》第 1087 条）的规定进行分配。处理上述问题的关键，同样是明确对被征收房屋价值的补偿应当归谁所有。

根据《最高人民法院关于适用〈中华人民共和国婚姻法〉若干问题的解释（三）》第 10 条规定，夫妻一方婚前签订房屋买卖合同，以个人财产支付首付款并在银行贷款，婚后用夫妻共同财产还贷，房屋登记于首付款支付方名下的，离婚时该房屋由双方协议处理。双方不能达成协议的，由人民法院判决该房屋归产权登记一方，尚未归还的贷款为产权登记一方的个人债务。双方婚后共同还贷支付的款项及其相对应财产增值部分，离婚时应根据《婚姻法》第 39 条第 1 款规定的原则，由产权登记一方对另一方进行补偿。而《婚姻法》第 39 条第 1 款规定，“离婚时，夫妻的共同财产由双方协议处理；协议不成时，由人民法院根据财产的具体情况，照顾子女和女方权益的原则判决”。

基于上述法律规定，如夫妻双方不能达成协议的，在离婚时房屋应当归产权登记一方所有，产权登记一方应当根据另一方共同还贷支付的款项及相对应财产的增值部分按照顾子女和女方权益的原则给予一定补偿。而在婚姻存续期间房屋被征收的，双方离婚时对被征收房屋价值的补偿的归属问题首先由夫妻双方协议处理；双方达不成协议的，补偿款一般归房屋产权登记一方所有，但是这一方需要根据照顾子女和女方权益的原则对另一方共同还贷支付的款项及相对应财产的增值部分给予补偿。

需要注意的是，以商业贷款按揭购房，在尚未还清按揭款的情况下，房屋实际是抵押给银行的。根据《民法典》《城市房地产抵押管理办法》等的规定，房屋被征收后，按揭银行享有优先受偿权，按揭银行有权在剩余未还款及利息范围内对征收补偿款优先受偿，余下部分征收补偿款才归属于被征收人。

94. 婚后由一方父母出资购买且登记在己方子女名下的房屋被征收的，征收补偿款归谁所有？

情景再现

某甲与某乙在2015年结婚，婚前双方均没有购置房屋。婚后某甲的父母觉得两人一直租房不是办法，向亲戚朋友借钱出资为两人以 200 万元的价格全款购买了一套房屋，但房屋只登记在自己的孩子某甲的名下。2017 年，该房屋被纳入征收范围，房屋征收部门与某甲、某乙签订了征收补偿协议。根据该协议，某甲、某乙共获得该房屋价值补偿款 300 余万元、签约搬迁补贴 30 余万元、奖励 10 万元及其他各项补贴奖励，共计 350 余万元。

2018 年，某乙起诉要求与某甲离婚，并要求依法分割夫妻财产，包括上述征收补偿收益。某甲认为被征收房屋是自己父母单方出资购买并且登记在自己的名下，应当属于个人财产，相应的征收补偿收益也应当归自己个人所有，不同意与某乙共享；某乙认为被征收房屋是婚后购买的，征收补偿收益是夫妻共同财产，应当进行分割。

法律分析

根据《最高人民法院关于适用〈中华人民共和国婚姻法〉若干问题的解释（三）》第 7 条第 1 款的规定，婚后由一方父母出资为子女购买的不动产，产权登记在出资人子女名下的，可按照《婚姻法》第 18 条第 3 项（现《民法典》第 1063 条第 3 项）的规定，视为只对自己子女一方的赠与，该不动产应认定为夫妻一方的个人财产。又根据《婚姻法》第 18 条第 3 项的规定，遗嘱或赠与合同中确定只归夫或妻一方的财产为夫妻一方的财产。因此，婚后夫或妻一方父母单方出资购买并登记在己方子女名下的房屋应当视为夫或妻一方父母对夫或妻单方的赠与，属于夫妻一方的财产，该房屋被征收的，对被征收房屋价值的补偿应当归属于出资一方的夫或妻。

但同样，因征收房屋造成的搬迁、临时安置的补偿以及因征收房屋造成的停产停业损失的补偿，应当归夫妻双方共同所有，双方在分配时应当根据《婚姻法》第 39 条（现《民法典》第 1087 条）的规定，首先协议处理，协议不成的由人民法院根据财产的具体情况，按照顾子女和女方权益的原则判决。

95. 婚后由双方父母出资购买但登记在一方名下的房屋被征收的，征收补偿款归谁所有？

情景再现

某甲与某乙在 2015 年结婚，婚前双方均没有购置房屋。婚后双方的父母觉得两人一直租房不是办法，分别出资 130 万元、70 万元，以 200 万元的价格全款为双方购买了一套房屋，但房屋只登记在某甲的名下。2017 年，该房屋被纳入征收范围，房屋征收部门与某甲、某乙签订了征收补偿协议。根据该协议，某甲、某乙共获得该房屋价值补偿款300余万元、签约搬迁补贴30余万元、奖励10万元及其他各项补贴奖励，共计350余万元。

2018年，某乙起诉要求与某甲离婚，并要求依法分割夫妻财产，包括上述征收补偿收益。某甲认为被征收房屋登记在自己的名下，应当属于个人财产，相应的征收补偿收益也应当归自己个人所有，不同意与某乙共享；某乙认为被征收房屋自己父母也出资购买，征收补偿收益应当是夫妻共同财产，应当进行分割。

法律分析

根据《最高人民法院关于适用〈中华人民共和国婚姻法〉若干问题的解释（三）》第7条第2款的规定，由双方父母出资购买的不动产，产权登记在一方子女名下的，该不动产可认定为双方按照各自父母的出资份额按份共有，但当事人另有约定的除外。

因此，婚后夫妻双方父母共同出资购买但只登记在一方名下的房屋，应当视为父母对夫妻双方的按份赠与，属于夫妻按份共有的财产。该房屋被征收的，对被征收房屋价值的补偿应当由夫妻双方根据双方各自拥有的份额进行分配。

在上述案例中，如果夫妻双方没有特别约定，房屋应当由双方按照13：7的比例按份共有，征收补偿款也应当按照13：7的比例进行分配。但是，因征收房屋造成的搬迁、临时安置的补偿以及因征收房屋造成的停产停业损失的补偿，应当归夫妻双方共同所有，双方在分配时应当根据《婚姻法》第39条（现《民法典》第1087条）的规定，首先协议处理，协议不成的由人民法院根据财产的具体情况，按照顾子女和女方权益的原则判决。

96. 房屋征收补偿时，被征收人能否选择回迁、就近安置？

房屋产权调换作为房屋征收补偿的形式之一，根据用于产权调换的房屋所在地的不同，又可以分为异地安置与回迁、就近安置。异地安置是指用征收范围外且距离被征收房屋所在地有一定距离的房屋调换被征收房屋；回迁、就近安置则是指在被征收范围内或被征收范围附近选择房屋调换被征收房屋。根据《国有土地上房屋征收与补偿条例》第21条的规定，被征收人因旧城区改建被征收个人住宅的，可以选择在改建地段进行房屋产权调换，作出房屋征收决定的市、县级人民政府应当为被征收人提供改建地段或者就近地段的房屋。由此，被征收人在选择房屋征收补偿形式时，可以选择回迁、就近安置。

被征收人在选择房屋征收补偿形式时，选择回迁、就近安置必须满足以下两个条件：

第一，因旧城区改建被征收个人住宅。旧城区改建表面上是为了整治危房、改善基础设施，但它的深层目的是推动城市的有机更新，改善原居民的生活水平，而如果被征收人无法就地或就近安置，就无法享受到旧城区改建的成果，有违旧城区改建的初衷。

第二，被征收人选择在改建地段进行房屋产权调换。一方面，被征收人在房屋补偿形式中选择了房屋产权调换，而非货币补偿；另一方面，被征收人选择在改建地段进行房屋产权调换。作出旧城区改建决定的市、县级人民政府在旧城区改建规划时，应当考虑到被征收人就地或就近安置的需要，在临近地段无可供产权调换的房屋或临近地段不具备新建产权调换房屋条件的情况下，必须在旧城区改建中做好产权调换房屋的建造规划，满足被征收人就地安置的需要，使得旧城区改建真正惠及于民。

97. 因房屋征收导致搬迁或临时安置的，被征收人可享受哪些补偿？

根据《国有土地上房屋征收与补偿条例》的规定，房屋被征收后，作出房屋征收决定的市、县级人民政府除要补偿被征收人房屋价值外，被征收人需要搬迁被征收房屋内的个人财物的，或者因产权调换房屋尚未交付前需要房屋周转的，政府也要相应提供因征收房屋造成的搬迁、临时安置的补偿。

无论被征收人选择货币补偿还是房屋产权调换，若被征收人在房屋征收后要搬迁自己的个人财物，房屋征收部门要向被征收人支付搬迁费。搬迁费会因被征收房屋的性质、建筑面积大小等因素影响而有差异，具体的标准由各地政府制定。

临时安置的补偿则仅适用于被征收人选择房屋产权调换时，由房屋征收部门在产权调换房屋交付前向被征收人提供。如果被征收人选择在产权调换房屋交付前自行过渡的，房屋征收部门应当为被征收人支付临时安置费。考虑到各地经济水平和房屋租金等情况的不同，临时安置费的具体标准也由各地政府制定。如果被征收人选择由政府进行安置，房屋征收部门则应当为被征收人提供周转用房。因为房屋征收部门已经履行了对被征收人临时安置的责任，就不需要再向被征收人支付临时安置费了。房屋征收部门为被征收人提供周转用房的，应当参考以下因素：（1）被征收人的家庭结构和需要周转过渡的家庭成员数量；（2）被征收房屋的面积和自然间数；（3）征收人需要为被征收人提供的产权调换房屋的数量；（4）周转用房要满足被征收人分得开、住得下的要求。

98. 产权调换房的详细情况是否需要明确？

根据《国有土地上房屋征收与补偿条例》第21条的规定，

被征收人选择房屋产权调换补偿方式的，市、县级人民政府应当提供用于产权调换的房屋，并与被征收人计算、结清被征收房屋价值与用于产权调换房屋价值的差价。鉴于房屋的区位、性质，乃至楼号、楼层、朝向等都会对房屋的价值产生影响，因此，用于产权调换的房屋的详细情况必须明确。条例第 25 条、第 26 条因此规定了房屋征收部门与被征收人订立的补偿协议或补偿决定必须包括用于产权调换房屋的地点和面积。但是，在实践操作中，仅明确产权调换房的地点和面积并不足以确定产权调换房的价值，还有必要对产权调换房的其他物理属性、法律性质、结算价格等作出规定。

首先，地点和面积均属于物理属性，但是这过于简单，还应当进一步明确平房、多层房、小高层房、高层房、详细位置（楼号）、小区情况、楼层、户型、建筑结构、建筑面积（套内、公摊）等内容。一些地方规范中对此有明确规定，如《扬州市国有土地上房屋征收与补偿暂行办法》第 27 条规定，用于产权调换的安置房应当达到普通商品房质量标准和设计规范，满足交付就能入住使用的基本功能。房屋征收部门应当在房屋征收范围内设置固定场所，公开安置房源的地理位置、小区布置图、房屋单体平面图及楼层的方格示意图、安置房价格等内容，供被征收人了解和选择。又如《西安市国有土地上房屋征收与补偿办法》第 41 条规定，产权调换房屋的层次、朝向等，由被征收人、公有房屋承租人按照交房顺序号自主选择，并予以公布。

其次，产权调换房的法律性质必须明确。房屋是商品房还是廉租住房、经济适用房、限价房、定向安置房等保障性住房，这直接决定着房屋的价值及处分权。在补偿协议或补偿决定中，房屋的性质、买卖等的限制必须予以明确。

最后，产权调换房屋的结算价格必须明确，这在《国有土地上房屋征收评估办法》及许多地方规范性文件中均有要求。结算价格也是被征收人最在意的。

第三节 房屋征收补偿协议

99. 房屋征收部门与被征收人可通过什么形式落实补偿事宜?

为保证征收范围内每一户被征收人的合法权益，完全落实每一户的征收补偿，原则上要求房屋征收部门应当与每一户被征收人签订正式的协议。这个协议就是征收补偿协议。

征收补偿协议作为房屋征收部门与征收人之间签订的关于征收补偿事宜的协议，对补偿方式、补偿金额和支付期限、用于产权调换的房屋的地点和面积、搬迁费、临时安置费或者周转用房、停产停业损失、搬迁期限、过渡方式和过渡期限等事项作出了明确的规定，对房屋征收部门与被征收人都具有法律约束力，双方必须严格按照协议约定落实征收补偿事宜，不得擅自变更或者解除。《国有土地上房屋征收与补偿条例》第25条就明确规定，补偿协议订立后，房屋征收部门或被征收人一方不履行补偿协议约定的义务的，另一方可以依法提起诉讼。

但是，如果房屋征收部门与被征收人在征收补偿方案确定的签约期限内达不成补偿协议，或者被征收房屋所有权人不明确，就无法用补偿协议来落实补偿事宜。为了不影响房屋征收工作的如期开展，保障房屋征收工作欲达成的公共利益顺利实现，同时也保证未签署补偿协议的被征收人的合法权益，条例针对上述达不成补偿协议的情况，在第 26 条规定了房屋征收部门可以报请作出房屋征收决定的市、县级人民政府依照条例的规定，按照征收补偿方案作出补偿决定，落实未签订补偿协议的被征收人的补偿事宜。补偿决定应当公平，并且包括补偿协议中应有的补偿方式、补偿金额和支付期限等事项。被征收人对补偿决定不服的，可以依法申请行政复议或者提起行政诉讼。

100. 征收补偿协议与征收补偿方案有什么联系与区别？

征收补偿协议是指房屋征收部门与被征收人依照规定，就补偿方式、补偿金额和支付期限、用于产权调换房屋的地点和面积、搬迁费、临时安置费或者周转用房、停产停业损失、搬迁期限、过渡方式和过渡期限等事项，在双方意思表示一致的基础上订立的补偿协议，是一种双方法律行为。征收补偿方案则是指房屋征收部门通过对房屋征收范围内的房屋的权属、区位、用途、建筑面积以及租赁和用益物权等情况进行调查、研究后作出的征收补偿安排计划，是房屋征收部门的单方行政行为。

征收补偿协议与征收补偿方案的联系在于，一般情况下，征收补偿协议以征收补偿方案中的具体内容为基础，房屋征收部门往往在征收补偿方案的基础上与各户被征收人逐一签署征收补偿协议。

征收补偿协议与征收补偿方案的区别主要有以下三点：第一，性质不同。征收补偿协议属于行政协议的一种，是在房屋征收部门与被征收人意思表示一致的情况下双方合意的结果；而征收补偿方案是房屋征收部门单方面制订的计划安排，虽然会征求被征收人的意见，但最终是否采纳还是以房屋征收部门的意思为准。第二，订立或制定的程序不同。征收补偿协议是由房屋征收部门与被征收人一同协商订立的，而征收补偿方案是由房屋征收部门拟定的。第三，效力不同。征收补偿协议作为一种行政协议，一经生效即对房屋征收部门与被征收人产生法律约束力，且该约束力仅存在于房屋征收部门与被征收人之间；征收补偿方案作为房屋征收部门的单方行政行为，虽征求了被征收人的意见，但一般仅对房屋征收部门具有强制力，对被征收人并无强制约束力。

101. 房屋征收补偿协议有哪些特征？

房屋征收补偿协议是房屋征收部门与被征收人之间就房屋

征收补偿的具体事宜订立的双方协议。根据 2020 年 1 月 1 日起正式实施的《最高人民法院关于审理行政协议案件若干问题的规定》第 2 条的规定，房屋征收补偿协议属于行政协议，即属于“行政机关为了实现行政管理或者公共服务目标，与公民、法人或者其他组织协商订立的具有行政法上权利义务内容的协议”。鉴于目前我国行政法体系对于行政协议尚无较为详细的规定，上述司法解释第 27 条规定了人民法院审理行政协议案件可以参考适用民事合同的相关规定。结合我国民事合同的相关规定及行政协议的特殊性，房屋征收补偿协议主要具有以下 6 点法律特征：

第一，征收补偿协议属于行政协议，是地方人民政府为了公共利益的需要，为实现征收房屋的目标，与被征收人订立的涉及补偿、安置等具有行政法上权利义务内容的协议。

第二，征收补偿协议属于双方法律行为。征收补偿协议关系由房屋征收部门与被征收人两方主体参加才能成立，仅有一方主体，协议关系便不能成立。

第三，征收补偿协议确定的是平等法律关系。房屋征收部门与被征收人双方的法律地位平等，双方基于平等协商形成合意订立征收补偿协议。不管双方的经济实力、政治地位如何，不允许任何一方强制要求另一方，减少对方的权利或者增加对方的义务。协议双方的权利和义务是对等的，当一方获得某项权利时，也应当承担相应的义务。

第四，房屋征收双方的行为都必须合法。所谓合法，是指符合房屋征收相关法律法规的规定，如《国有土地上房屋征收与补偿条例》《城市房地产管理法》《城乡规划法》等。具体而言，如签订征收补偿协议的主体必须是作出征收决定的市、县级人民政府指定的房屋征收部门及作为房屋所有权人的被征收人。

第五，房屋征收补偿协议具有法律效力。这首先表现在征收补偿协议自生效后内容受到法律的保护，房屋征收部门与被征收人依法享有协议约定的权利，也必须履行协议约定的义务，任何一方当事人都无权擅自变更或解除。此外，在协议履行的过程中，如果发生纠纷，协议条款是解决纠纷的主要依据。

第六，房屋征收补偿协议作为要式合同，必须采取书面形式。房屋征收部门、房屋征收实施单位或其他相关部门的工作人员与被征收人口头达成的约定均不具有法律效力，只有纳入征收补偿协议中，才对双方具有法律约束力。

102. 房屋征收补偿协议中的格式条款对被征收人不利的，怎么处理？

房屋征收补偿协议虽是房屋征收部门与被征收人之间合意的结果，但基于房屋征收部门天然的优势地位，房屋征收补偿协议通常是由房屋征收部门未与被征收人协商，自身或委托其他机构事先拟定，交被征收人查看后签署的。因此，房屋征收补偿协议中存在着很多的格式条款。

所谓格式条款，根据《民法典》第496条的规定，是指当事人为重复使用而预先拟订并在订立合同时未与对方协商的条款。虽然在房屋征收补偿协议中采取格式条款有利于节约征收补偿协商时间，事先明确房屋征收部门与被征收人在房屋征收中的权利义务，降低征收补偿的协议成本，但是，格式条款的内容未与被征收人协商，存在着侵害被征收人合法权益的可能。为此，可依据《民法典》的规定对房屋征收补偿协议中的格式条款予以限制。

首先，根据《民法典》第496条的规定，房屋征收补偿协议采用格式条款的，提供格式条款的房屋征收部门应当遵循公平原则确定与被征收人之间的权利和义务，并采取合理的方式提请被征收人注意免除或者限制房屋征收部门责任的条款，按照对方的要求，对该条款予以说明。

其次，如果房屋征收补偿协议中的格式条款存在《民法典》第147条、第148条、第150条及第151条规定的情形，被征收人可以请求人民法院或者仲裁机构予以撤销。应当注意的是，在下列情况下，被征收人不再有权请求人民法院或者仲裁机构予以撤销：（1）被征收人自知道或者应当知道撤销事由之日起一年内、有重大误解的被征收人自知道或者应当知道撤销事由之日起 90 日内没有请求撤销的；（2）被征收人受胁迫，自胁迫行为终止之日起一年内没有请求撤销的；（3）被征收人知道撤销事由后明确表示或者以自己的行为表明放弃撤销的；（4）被征收人自房屋征收补偿协议签订之日起五年内没有请求过撤销的。

再次，如果房屋征收补偿协议中的格式条款存在《民法典》第 153 条、第 154 条及第 506 条规定的情形，或者提供格式条款的房屋征收部门免除其责任、加重被征收人责任、排除被征收人主要权利的，该条款无效。

最后，根据《民法典》第 498 条的规定，房屋征收部门与被征收人对格式条款的理解发生争议的，应当按照通常理解予以解释；对格式条款有两种以上解释的，应当作出不利于提供格式条款的房屋征收部门的解释；房屋征收补偿协议中同时存在格式条款和非格式条款，格式条款和非格式条款不一致的，应当采用非格式条款。

103. 房屋征收补偿协议有效的条件是什么？

房屋征收补偿协议是房屋征收部门与被征收人之间就房屋征收补偿的具体事宜订立的双方协议，在效力判定上适用我国《民法典》的相关规定。结合《民法典》的规定，有效的房屋征收补偿协议必须具备以下条件：

第一，协议双方必须具备合法的资格。根据《国有土地上房屋征收与补偿条例》第25条的规定，房屋征收补偿协议应当由房屋征收部门与被征收人签订。一方面，仅能由房屋征收部门代表作出征收决定的市、县级人民政府签订协议，受委托实施征收补偿工作的房屋征收实施单位无签约权。另一方面，只有被征收人，也即被征收房屋的所有权人有权签订协议。如果被征收人是自然人的，签约时应当是具有完全民事行为能力的人；如果被征收人是单位的，签约时应当具有法人资格，没有取得法人资格的社会组织无权签订协议，作为法人内部职能部门的科室、办公室等也无权订立协议。

第二，签订协议必须基于双方当事人的真实意愿。在签订房屋征收补偿协议的过程中，双方当事人地位平等，协议应当在自愿、平等、有偿的基础上进行。任何一方均不得因地位、条件、关系等因素，把自己的意志强加给另一方。通过威逼、利诱、欺骗等手段达成的协议是无效的，不受法律保护。

第三，协议内容必须符合法律规定。房屋征收补偿协议虽然是房屋征收部门与被征收人之间合意的产物，但其内容不得超过法律规定的限定，不能违反《民法典》《城市房地产管理法》《国有土地上房屋征收与补偿条例》等法律法规的强制性规定。

第四，协议必须以书面形式签订。房屋征收补偿协议是房屋征收部门与被征收人之间关于补偿方式、补偿金额和支付期限、用于产权调换房屋的地点和面积、搬迁费、临时安置费或者周转用房、停产停业损失、搬迁期限、过渡方式和过渡期限等事项的全面约定，关系到被征收人的合法权益能否得到保障，应当以书面形式签订，任何以口头形式达成的征收补偿协议内容都是无效的。

第五，必须在规定的期限内签订。根据《国有土地上房屋征收与补偿规定》第 26 条的规定，为有序推进房屋征收工作，房屋征收部门与被征收人必须在征收补偿方案确定的签约期限内签订补偿协议。根据该条的规定，在确定的签约期限前，被征收房屋的调查登记、价值评估等尚未完成，签订的房屋征收补偿协议没有事实基础，也不符合公平公开的原则，应当是无效的；在确定的签约期限后，根据第 26 条的规定，为保障房屋征收工作的按时开展，房屋征收部门应当报请作出房屋征收决定的市、县级人民政府按照征收补偿方案作出补偿决定，而不是签订房屋征收补偿协议。

104. 什么情况下房屋征收补偿协议无效？

根据《最高人民法院关于审理行政协议案件若干问题的规定》第 12 条的规定，行政协议存在《行政诉讼法》第 75 条规定的重大且明显违法情形的，应当确认无效；行政协议也可以适用民事法律规范来确认无效。

结合我国《行政诉讼法》与《民法典》等相关规定，存在以下情形的，房屋征收补偿协议无效：

第一，房屋征收补偿协议的一方签署主体不具有行政主体资格，如协助政府部门开展土地征收工作的企业单位；房屋征收补偿协议的内容存在减损被征收人权利或者增加被征收人义务的情况，但没有相应的法律依据；房屋征收补偿协议的内容客观上不可能实现；房屋征收补偿协议存在其他我国行政法律规范认为重大且明显违法的情形。

第二，被征收人作为无民事行为能力人所签订的房屋征收补偿协议。

第三，被征收人作为限制民事行为能力人签订房屋征收补偿协议，且未经其法定代理人同意或者追认。

第四，被征收人与征收人以虚假的意思表示签订的房屋征收补偿协议。虚假的意思表示，是指征收人或被征收人并没有真实的签订房屋征收补偿协议的内心想法，而是基于某些考虑假意签订。

第五，违反法律、行政法规的强制性规定。这里说的法律法规包括《民法典》《国有土地上房屋征收与补偿条例》《城乡规划法》等。需要注意的是，并非违反上述法律法规的所有规定都会导致房屋征收补偿协议无效，只有违反其中的效力性强制性规定才会导致无效。效力性强制性规定，指法律及行政法规明确规定一旦违反将导致合同无效或者合同不成立的规定；或者是法律及行政法规虽然没有明确规定一旦违反将导致合同无效或者不成立，但是违反后如果使合同继续有效将损害国家利益和社会公共利益的规定。

第六，存在违反公序良俗的情形。公序良俗，即公共秩序与善良风俗的统称。如果被征收人与征收人签订房屋征收补偿协议存在违反公序良俗的情形，如不符合公共利益的需要、有违社会良好风尚等，都应当被认定无效。

第七，恶意串通，损害他人合法权益。一般来说，《民法典》中“恶意串通”的主体是合同的双方当事人，在房屋征收补偿协议中就是房屋征收部门与被征收人。在土地征收补偿安置中，房屋征收部门与被征收人恶意串通，损害到他人合法权益时，双方签署的房屋征收补偿协议当属无效。

105. 房屋征收补偿协议被认定无效后应当如何处理？

根据《民法典》第 157 条的规定，合同被认定无效后，因该合同取得的财产，应当予以返还；不能返还或者没有必要返还的，应当折价补偿。有过错的一方应当赔偿对方因此所受到的损失；双方都有过错的，应当各自承担相应的责任。《最高人民法院关于审理行政协议案件若干问题的规定》第15条也规定，行政协议被认定无效后，当事人因行政协议取得的财产，人民法院应当判决予以返还；不能返还的，判决折价补偿。

根据上述规定，土地征收补偿安置协议被认定无效后，被征收人因此获得的补偿财产应当返还给政府部门，地方政府也应当返还相应的土地使用权及房屋所有权。但是，基于房屋征收行为的特殊性，如因公共利益的需要确应征收房屋的，当房屋征收补偿协议被认定无效后，房屋征收部门应尽快与被征收人本着公平公正的原则重新签订房屋征收补偿协议，在确定的期限内不能签约的，房屋征收部门应尽快报请作出房屋征收决定的市、县级人民政府依照《国有土地上房屋征收与补偿条例》的规定，按照征收补偿方案作出补偿决定。房屋已经被征收的，无须重复征收，尚未征收的应当重新征收。若房屋征收补偿尚未发放的，应根据重新订立的房屋征收补偿协议或补偿决定予以发放；若房屋征收补偿已经发放的，应当根据重新订立的房屋征收补偿协议或补偿决定予以调整，少发放的部分应当予以补足，多发放的责令退回、追回。除此之外，根据《民法典》第157条的规定，房屋征收部门与被征收人中有过错的一方应当赔偿对方因此所受到的损失，双方都有过错的，应当各自承担相应的责任。

106. 限制民事行为能力人签订的房屋征收补偿协议有效吗？

限制民事行为能力人，是指因智力发育不成熟或者精神存在一定程度的障碍，不能认清自己的行为后果的人。根据相关法律规定，我国确定的限制民事行为能力人包括两种：（1）8 周岁以上不满 18 周岁的未成年人。但年满 16 周岁未满 18 周岁以自己的劳动作为主要收入来源的，视为完全民事行为能力人。（2）不能完全辨认自己行为的精神病人。如果放任限制民事行为能力人的行为，既不利于对行为人自身利益的保护，也会损害他人的利益。因此，限制民事行为能力人实施行为的范围依法受到限制，只能实施与自己智力、精神状况相适应的行为，并承担相应的行为后果；超出自己智力、精神状况的行为，应由其法定代理人代理实施。

为此，《民法典》第 145 条规定，限制民事行为能力人实施的纯获利益的民事法律行为或者与其年龄、智力、精神健康状况相适应的民事法律行为有效；实施的其他民事法律行为经法定代理人同意或者追认后有效。因此，一般而言，限制民事行为能力人签订的合同属于效力待定的合同，只有经限制民事行为能力人的法定代理人的追认，才能使合同产生效力。所谓追认，是指法定代理人明确无误地表示同意限制民事行为能力人与他人签订合同。这种同意是一种单方意思表示，无须合同相对人同意即可发生效力。

如果被征收人是限制民事行为能力人，他虽然有权与房屋征收部门签订房屋征收补偿协议，但该协议必须经过被征收人的法定代理人追认才能具有法律效力。在被追认前，房屋征收补偿协议虽然成立但并没有实际生效，双方并不能据此解决房屋征收补偿事宜。只有在法定代理人追认后，作为限制民事行为能力人的被征收人与房屋征收部门签订的房屋征收补偿协议才能产生法律效力，双方才能据此安排房屋征收补偿工作。根据我国法律，法定代理人可以是公民，也可以是法人。公民作为法定代理人时，一般由限制民事行为能力人的近亲属充当，如父母是未成年子女的法定代理人，丈夫是患有精神病的妻子的法定代理人。法人作为法定代理人时，一般由限制民事行为能力人所在地居民委员会、村民委员会或者民政部门充当，限制民事行为能力人的父母所在的单位也可以充当法定代理人。

107. 他人代为签订的房屋征收补偿协议有效吗？

在部分情况下，作为房屋所有权人的被征收人并未与房屋征收部门签订房屋征收补偿协议，但其他人，如被征收人的亲属，以被征收人的名义与房屋征收部门签订了相关协议。在这种情况下的房屋征收补偿协议的效力认定，同样重要。

同样地，他人代为签订的房屋征收补偿协议的效力认定需根据《民法典》的相关规定作出判断。根据《民法典》的规定，签订房屋征收补偿协议的行为人得到被征收人明确授权的，即具有代理权，以被代理人也就是被征收人的名义签订的房屋征收补偿协议，对被征收人产生法律效力，被征收人应当据此与房屋征收部门落实房屋征收补偿事宜。

然而，《民法典》第 171 条规定：“行为人没有代理权、超越代理权或者代理权终止后，仍然实施代理行为，未经被代理人追认的，对被代理人不发生效力。相对人可以催告被代理人自收到通知之日起三十日内予以追认。被代理人未作表示的，视为拒绝追认。行为人实施的行为被追认前，善意相对人有撤销的权利。撤销应当以通知的方式作出。行为人实施的行为未被追认的，善意相对人有权请求行为人履行债务或者就其受到的损害请求行为人赔偿。但是，赔偿的范围不得超过被代理人追认时相对人所能获得的利益。相对人知道或者应当知道行为人无权代理的，相对人和行为人按照各自的过错承担责任。”也就是说，如果签订房屋征收补偿协议的行为人没有得到被征收人授权，或者签订的内容超过了被征收人的授权，或者在停止授权后签约，被征收人没有追认的，则签订的房屋征收补偿协议对被征收人不产生法律效力，相关的法律后果由行为人承担。而房屋征收部门可以在 30

日内通知被征收人，催告被征收人予以追认；被征收人并未作出表示或者明确拒绝追认的，签订的房屋征收补偿协议无效。同时，在被征收人追认前，如果房屋征收部门并不知道签订协议的人没有代理权、超越代理权或者代理权终止，它也有权撤销已经签订的房屋征收补偿协议。

又根据《民法典》第 172 条的规定，如果签订协议的行为人没有代理权、超越代理权或者代理权终止，但房屋征收部门有理由相信这个行为人有代理权的，行为人代为签署的房屋征收补偿协议也会对被征收人产生法律效力。

在实践中，为了避免代理行为导致房屋征收补偿协议效力的不确定性，一般要求被征收人本人与房屋征收部门签订房屋征收补偿协议。如果被征收人确有事情导致本人无法亲自签约的，一般要根据要求出具相应的授权委托书，明确代为签署的行为人具有代理权才可以。同时，在被征收人能够签约时，最好要被征收人补签字，加强房屋征收补偿协议的法律效力。

108. 哪些情况会被认定为“被征收房屋所有权人不明确”？

根据《国有土地上房屋征收与补偿条例》的现有规定，房屋所有权人是房屋的被征收人，依法可以参与房屋征收补偿方案的制订，并在房屋被征收后享受公平合理的补偿。而在被征收房屋所有权人不明确的情况下，房屋征收部门就无法快速明确被征收房屋的征收补偿事宜，影响房屋征收补偿工作的顺利开展。

通常来说，被征收房屋所有权人不明确一般包括以下 4 种情形：（1）无产权关系证明。产权关系证明是指房屋所有权人通过交易，取得房屋的合法所有权，可依法对所购房屋行使占有、使用、收益和处分的权利的证明文件，通常是指《房屋所有权证》或《不动产权证》，房屋登记机关的不动产权登记簿等也能作为房屋产权关系的证明。只有当上述文件均无法证明房屋产权关系时，才能说被征收房屋无产权关系证明。（2）产权人下落不明。产权人下落不明是指被征收房屋虽有明确房屋所有权人，但该所有人通过电话、邮件等联系方式均无法联系上，在依法发布相关产权确认公告后仍不回应的。（3）暂时无法考证产权的合法所有人，如房屋所有权人去世，在房屋征收期间无法确定房屋的合法继承人的。（4）被征收房屋产权关系正在诉讼中，如因一房二卖、无权处置等行为导致房屋产权存在争议正在诉讼、仲裁等的。

根据《国有土地上房屋征收与补偿条例》的规定，在被征收房屋所有权人不明确时，房屋征收部门可以报请作出房屋征收决定的市、县级人民政府依照条例的规定，按照征收补偿方案作出补偿决定。

第四节　房屋征收搬迁

109. 房屋征收补偿与搬迁是否有先后顺序？

根据《国有土地上房屋征收与补偿条例》第 27 条的规定，实施房屋征收应当先补偿、后搬迁。在条例出台前，《城市房屋拆迁管理条例》（已失效）仅规定了被拆迁人或房屋承租人应当在拆迁补偿安置协议签订后在约定的期限内搬迁，未明确规定补偿与搬迁的顺序。在实践中，拆迁人往往采取先拆除被征收房屋，而后给予补偿的措施，从而在征收补偿中占据有利地位，获得更大的话语权，使被征收人在协商时丧失谈判的筹码。这样的做法不仅严重损害了被征收人的合法权益，也极易引发征收纠纷，导致社会矛盾。为此，条例明确规定了先补偿、后搬迁的原则。

“先补偿、后搬迁”是指房屋征收部门必须在给予被征收人合理的补偿后，才可以要求被征收人进行搬迁。

“先补偿”根据补偿形式的不同，可分为以下两种情况：

（1）房屋征收部门与被征收人就房屋征收补偿事宜达成了一致意见，双方签订了补偿协议，并各自履行相应义务；（2）房屋征收部门与被征收人在一定期限内未能达成征收补偿协议，但已由作出征收决定的市、县级人民政府依法作出补偿决定，且保障性货币补偿已经专户存储、产权调换房屋和周转用房的地点和面积已经明确。不论房屋征收部门同被征收人是否达成了征收补偿协议，均应当坚持“先补偿、后搬迁”的征收补偿顺序。

同时，“先补偿”不仅指补偿的时间要早于搬迁的时间，而且应该是全部补偿、实际补偿、补偿到位：（1）在选择资金补偿的方式时，如果房屋征收部门仅仅支付了部分补偿费用，不应视为已履行了“先补偿”义务。只有货币补偿已经专户存储，被征收人可以随时支取时，才可视为对被征收人进行了补偿。（2）在选择产权置换的方式时，如果房屋征收部门仅仅指明了用于产权调换房屋和周转用房的位置、面积、环境等，但未能实际交付房屋的，不能认为其履行了“先补偿”的义务。当然，征收人可以在协议确定安置房源后要求被征收人搬迁，待安置房竣工后再按约定交付房屋。

“后搬迁”则是指只有在相关补偿得到妥善处理和安排的前提下，被征收人才承担在补偿协议约定或者补偿决定确定的搬迁期限内完成搬迁的义务。

110. 被征收人在搬迁期限内未搬迁的，房屋征收部门能采取哪些措施？

根据《国有土地上房屋征收与补偿条例》第 27 条的规定，在作出房屋征收决定的市、县级人民政府对被征收人给予补偿后，被征收人应当在补偿协议约定或者补偿决定确定的搬迁期限内完成搬迁。但是，部分被征收人可能在签订补偿协议后对原先约定的补偿标准等反悔，或者一直未和房屋征收部门签订补偿协议，也不认可补偿决定中确定的补偿标准，在补偿协议约定或者补偿决定确定的搬迁期限届满后迟迟不搬迁，严重影响了房屋征收工作的进度，不符合公共利益的需要，也不利于其他被征收人合法权益的实现。为此，根据搬迁期限确立方式的不同，房屋征收部门能够采取以下措施：

第一，若搬迁期限由房屋征收部门与被征收人在补偿协议中约定，根据条例第 25 条的规定，被征收人的拒绝搬迁行为属于不履行补偿协议约定的义务，房屋征收部门可以依法提起诉讼。但是，条例并未对诉讼类型作出明确规定。《行政诉讼法》第 12 条仅规定了被征收人对房屋征收部门不依法履行、未按照约定履行或者违法变更、解除房屋征收补偿协议的行为可以依法提起行政诉讼。对于被征收人不履行补偿协议的行为，依照我国行政诉讼仅受理“民告官”案件的现状，房屋征收部门可基于《民法典》合同编等的规定按照违约之诉向法院提起民事诉讼并申请执行。

第二，若搬迁期限由补偿决定确定，被征收人在补偿决定作出后未明确表示对补偿决定不服也不依法申请行政复议或提起行政诉讼，在补偿决定规定的期限内又不搬迁的，根据条例第 28 条的规定，作出房屋征收决定的市、县级人民政府可以依法申请人民法院强制执行。

111. 能否采用断水断电等行为迫使被征收人搬迁？

在《国有土地上房屋征收与补偿条例》颁布前，拆迁人为推进房屋拆迁工作，实现自己的经营利益，对于那些在拆迁补偿协议约定或者人民政府裁决确定的搬迁期限内未完成搬迁的被拆迁人与被拆迁房屋，在某些时候会采取一些过激的手段，如采取暴力、威胁或者违反规定中断供水、供热、供气、供电和道路通行等非法手段，迫使被拆迁人搬迁。在拆迁人采取上述行为的过程中，常常引发拆迁人与被拆迁人之间的激烈冲突，甚至造成重大人员伤亡事故，严重影响了社会稳定，也不符合房屋征收的目的。

《国有土地上房屋征收与补偿条例》为杜绝暴力强拆行为的

出现，一方面规定了征收工作只能由作出房屋征收决定的市、县级人民政府及其房屋征收部门、符合条件的非营利性房屋征收实施单位进行，禁止建设单位参与搬迁工作；另一方面则明确禁止任何单位和个人采取暴力、威胁或者违反法律法规规定中断供水、供热、供气、供电和道路通行等非法方式强迫被征收人搬迁。需要注意的是，除上述《国有土地上房屋征收与补偿条例》第 27 条明确规定的暴力、威胁，违规断水、断热、断气、断电外，只要行为不符合法律规定，对被征收人造成压迫的，均是被禁止的，应当坚决予以严厉打击。

112. 被征收人在搬迁期限内未搬迁的能否强制搬迁？

根据《国有土地上房屋征收与补偿条例》第 27 条的规定，被征收人应当在补偿协议约定或者补偿决定确定的搬迁期限内完成搬迁。根据条例第 28 条的规定，当搬迁期限由补偿决定确定时，被征收人在法定期限内不申请行政复议或者不提起行政诉讼，在补偿决定规定的搬迁期限内不搬迁的，作出房屋征收决定的市、县级人民政府依法可以申请人民法院强制执行。因此，在房屋征收部门与被征收人达不成补偿协议或被征收房屋所有权不明确时，房屋征收部门报请作出征收决定的市、县级人民政府作出补偿决定，被征收人既不申请行政复议或者提起行政诉讼，又不履行补偿决定的，作出房屋征收决定的市、县级人民政府依法可以申请人民法院强制执行。

而对于那些与房屋征收部门签订了补偿协议但不在约定的搬迁期限内搬迁的被征收人，房屋征收部门可以代表作出征收决定的市、县级人民政府向人民法院提起民事诉讼，胜诉后可以根据《民事诉讼法》申请强制执行。因此，无论是何种确定征收补偿的形式，只要被征收人在搬迁期限内未搬迁的，为稳定房屋征收补偿关系，推动房屋征收及后续建设工作的进行，均可以申请强制搬迁。

113. 征收补偿决定何时能够申请强制执行？

根据《国有土地上房屋征收与补偿条例》第28条的规定，被征收人在法定期限内不申请行政复议或者不提起行政诉讼，在补偿决定规定的期限内又不搬迁的，由作出房屋征收决定的市、县级人民政府依法申请人民法院强制执行。

根据本条文的规定，结合实践，在符合以下条件时，作出房屋征收决定的市、县级人民政府可以依法申请人民法院强制执行：第一，征收补偿决定作出后，被征收人在法定期限内不申请行政复议或者不提起行政诉讼。根据《行政复议法》的规定，被征收人应当在知道补偿决定之日起60日内提出行政复议申请；

根据《行政诉讼法》的规定，被征收人应当在知道补偿决定之日起 6 个月提起行政诉讼。第二，作出房屋征收决定的市、县级人民政府已经对被征收人给予补偿。根据条例第 27 条的规定，实施房屋征收应当先补偿、后搬迁，不仅要在被征收人正常搬迁中坚持上述原则，在对被征收人强制搬迁时也不能违背此原则。第三，被征收人未能在补偿决定确定的搬迁期限内完成搬迁。第四，市、县级人民政府想要申请法院启动强制执行程序，必须在申请强制执行时提交补偿金额和专户存储账号、产权调换房屋和周转用房的地点和面积等材料。

114. 行政机关能否自己强制搬迁？

根据《城市房屋拆迁管理条例》（已失效）第 17 条的规定，被拆迁人或者房屋承租人在搬迁期限内未搬迁的，房屋所在地的市、县人民政府可以责成有关部门强制拆迁，也可以依法申请人民法院强制拆迁。基于此，对于限期内未搬迁的，行政机关可以自行强制拆迁或申请人民法院强制拆迁。而在 2011 年发布的《国有土地上房屋征收与补偿条例》中，删除了关于行政机关自行强制搬迁的表述，仅在第 28 条中规定了被征收人在法定期限内不申请行政复议或者不提起行政诉讼，在补偿决定规定的期限内又不搬迁的，由作出房屋征收决定的市、县级人民政府依法申请人民法院强制执行。那么，这是否就意味着行政机关不能自行强制搬迁了呢？答案是否定的。

根据《最高人民法院关于办理申请人民法院强制执行国有土地上房屋征收补偿决定案件若干问题的规定》第9条的规定，人民法院在审理了申请强制执行征收补偿决定案件后，裁定准予执行的，一般由作出征收补偿决定的市、县级人民政府组织实施，即作出征收补偿决定的市、县级人民政府可以责令相关部门持人民法院的执行裁定进行强制搬迁。在作出征收补偿决定的市、县级人民政府不便或不能自行组织强制搬迁，人民法院有足够能力实施时，也可以由人民法院执行。因此，在现行法律法规下，行政机关需先向人民法院提出执行申请，根据人民法院的裁定结果确定能否自行强制拆迁。

115. 申请人民法院强制执行的法定程序是怎样的？

根据《国有土地上房屋征收与补偿条例》及《最高人民法院关于办理申请人民法院强制执行国有土地上房屋征收补偿决定案件若干问题的规定》等的规定，申请人民法院强制执行征收补偿决定案件，由房屋所在地基层人民法院管辖，各省、自治区、直辖市高级人民法院可以根据本地实际情况决定管辖法院。

房屋征收部门申请强制执行的，应当向有管辖权的人民法院提交强制执行申请书，并附上补偿金额和专户存储账号、产权调换房屋和周转用房的地点和面积等材料，同时根据规定提供以下材料：（1）征收补偿决定及相关证据和所依据的规范性文件；（2）征收补偿决定送达凭证、催告情况及房屋被征收人、直接利害关系人的意见；（3）社会稳定风险评估材料；（4）申请强制执行的房屋状况；（5）被执行人的姓名或者名称、住址及与强制执行相关的财产状况等具体情况；（6）法律、行政法规规定应当提交的其他材料。

人民法院认为强制执行的申请符合形式要件且材料齐全的，应当在接到申请后5日内立案受理，并通知申请机关；不符合形式要件或者材料不全的应当限期补正，并在最终补正的材料提供后5日内立案受理；不符合形式要件或者逾期无正当理由不补正材料的，裁定不予受理。对于受理的执行申请，人民法院应当自立案之日起30日内作出是否准予执行的裁定；有特殊情况需要延长审查期限的，由高级人民法院批准。

经审理后，人民法院认为征收补偿决定存在法律、法规、规章等规定的其他不宜强制执行的情形的，应当裁定不准予执行；裁定准予执行的，应当在5日内将裁定送达申请机关和被执行人，并可以根据实际情况建议申请机关依法采取必要措施，保障征收与补偿活动顺利实施。强制搬迁一般由作出征收补偿决定的市、县级人民政府组织实施，也可以由人民法院执行。

116. 征收补偿决定存在哪些情况时人民法院会不予强制执行？

人民法院在受理了行政机关提起的强制执行征收补偿决定申请后，应当根据行政机关提交的资料以及自行调取的相关证据，以及询问当事人、组织听证或者进行现场调查的情况，对强制执行申请，特别是征收补偿决定的合法性、合理性等进行全面审查。

在征收补偿决定存在下列情形时，人民法院应当裁定不准予执行：（1）明显缺乏事实根据；（2）明显缺乏法律、法规依据；（3）明显不符合公平补偿原则，严重损害被执行人合法权益，或者使被执行人基本生活、生产经营条件没有保障；（4）明显违反行政目的，严重损害公共利益；（5）严重违反法定程序或者正当程序；（6）超越职权；（7）法律、法规、规章等规定的其他不宜强制执行的情形。

人民法院在作出不予执行裁定后，应当在裁定书中说明理由，并在 5 日内送达申请机关，明确告知申请机关不予执行的具体原因。如果申请机关对不予执行的裁定有异议，可以在收到裁定之日起 15 日内向上一级人民法院申请复议，上一级人民法院应当自收到复议申请之日起30日内作出裁定。

117. 被征收人是否有权查看房屋征收补偿档案？

根据《国有土地上房屋征收与补偿条例》第29条的规定，房屋征收部门应当依法建立房屋征收补偿档案。房屋征收补偿档案是指与房屋征收补偿工作相关的一系列资料，资料来源包括作出房屋征收决定的市、县级人民政府，房屋征收部门及其他有关部门，人民法院，房地产价格评估机构等。

一般来说，房屋征收补偿档案包括以下内容：（1）征收决定发布前的相关政府会议纪要；（2）征收决定所依据的相关土地利用总体规划、城乡规划及征收项目立项资料；（3）征收决定发布前举行听证会和征收意见的相关资料；（4）征收补偿方案；（5）征收决定及公告，委托房屋征收实施单位、房地产价格评估机构的合同；（6）被征收房屋整体评估报告、分户评估报告；（7）通知有关单位暂停办理房屋新建、改建等相关手续的书面通知；（8）分户补偿资料；（9）补偿协议；（10）达不成补偿协议时，由市、县级人民政府作出的补偿决定及有关决策资料；（11）申请人民法院强制执行的材料；（12）监察、审计部门对征收工作进行监督检查、审计的材料；（13）其他与征收有关的档案材料。上述资料并不是在每一次房屋征收补偿工作中都会产生，但一旦产生就必须纳入房屋征收补偿档案中统一归档、保存。

对于被征收人是否有权查看房屋征收补偿档案，《国有土地上房屋征收与补偿条例》第 29 条同样作出了规定，即房屋征收部门应当将分户补偿情况在房屋征收范围内向被征收人公布。但根据条例第 29 条规定，被征收人只能查看房屋征收补偿档案中的分户补偿情况，其他资料不在可查看的范围内。而根据我国《政府信息公开条例》第 21 条的规定，设区的市级人民政府、县级人民政府及其部门、乡（镇）人民政府应当重点公开与房屋征收相关的政府信息。同时，《政府信息公开条例》第 19 条还规定了对涉及公众利益调整、需要公众广泛知晓或者需要公众参与决策的政府信息，行政机关应当主动公开。而房屋征收补偿档案完全符合上述要求，房屋征收部门应当予以公开。不仅被征收人，其他社会公众也有权查看房屋征收补偿档案。

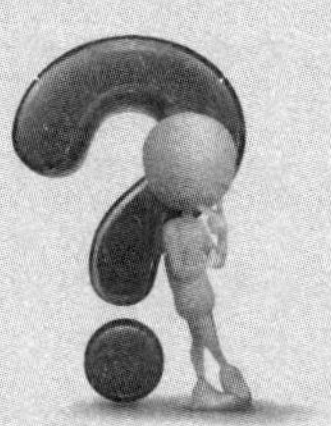

第四章

CHAPTER 4

违法房屋征收与补偿的责任

118. 政府工作人员在房屋征收与补偿工作中可能的违法行为具体有哪些?

根据《国有土地上房屋征收与补偿条例》第30条的规定，市、县级人民政府及房屋征收部门的工作人员在房屋征收与补偿工作中不履行条例规定的职责，或者滥用职权、玩忽职守、徇私舞弊的，应当追究相应的法律责任。

上述规定的违法行为中，不履行条例规定的职责的行为主要包括以下5种:（1）违反条例关于举报的规定，对被举报的违法行为未依法及时核实、处理;（2）违反条例有关公共利益限定的规定，作出的房屋征收决定不符合公共利益的需要;（3）违反条例有关征收程序的规定，房屋征收决定的作出未履行相关程序;（4）违反条例有关调查登记的规定，未对房屋征收范围内的房屋有关情况组织调查登记或者调查登记不到位、调查结果未予以公开;（5）违反条例关于补偿的规定，未与被征收人签订补偿协议而径自作出补偿决定，或先搬迁后补偿，或违法强制搬迁等。

滥用职权，是指政府工作人员故意逾越职权，不按或违反法律规定决定、处理其无权决定、处理的事项，或者违反规定处理公务，致使公共财产遭到侵吞、国家和人民遭受重大财产损失等行为，如故意将被征收人的合法建筑认定为非法建筑、克扣被征收人的征收补偿等。而玩忽职守是指政府工作人员对工作严重不负责任、疏忽大意、过于自信、擅离职守等，致使公共财产、国家和人民利益遭受重大损失，如对征收过程中收到的举报随意应付，对房屋征收补偿方案的征求意见敷衍了事等。徇私舞弊则是指政府工作人员在房屋征收与补偿工作中，利用自己职权上的便利和权力，为实现自身或其他人的不当利益，故意错误认定被征收房屋的性质、增加建筑面积、增大房屋评估价值等，使得部分被征收人的征收补偿被不当提高，致使公共财产、国家和人民利益遭受重大损失的行为。

119. 政府工作人员在房屋征收与补偿工作中违法的，需要承担什么法律责任?

根据《国有土地上房屋征收与补偿条例》《公务员法》《国家赔偿法》《刑法》等的规定，市、县级人民政府及房屋征收部门的工作人员在房屋征收与补偿工作中有违法行为的，应当依照相关规定承担行政处分、刑事追责等责任。

首先，上述工作人员在房屋征收工作中不履行法定职责，或者滥用职权、玩忽职守、徇私舞弊的，应由上级人民政府或者本级人民政府责令改正，并给予通报批评。

其次，如果上述工作人员的违法行为造成损失，特别是对行政机关以外的被征收人及其他人员、单位造成损失的，作出房屋征收决定的市、县级人民政府或者房屋征收部门应当依据《国家赔偿法》的有关规定承担行政赔偿责任。同时，对于直接负责的主管人员和其他直接责任人员，应当根据《公务员法》和《行政机关公务员处分条例》等法律法规的规定给予行政处分。

最后，如果上述工作人员的违法行为构成犯罪，应当依法追究有关工作人员的刑事责任。根据《刑法》第 397 条的规定，上述工作人员滥用职权或者玩忽职守，致使公共财产、国家和人民利益遭受重大损失的，应当处 3 年以下有期徒刑或者拘役；情节特别严重的，处 3 年以上 7 年以下有期徒刑。徇私舞弊，犯滥用职权罪或者玩忽职守罪的，处 5 年以下有期徒刑或者拘役；情节特别严重的，处 5 年以上 10 年以下有期徒刑。《刑法》另有规定的，相关刑事责任依照规定确定。

120. 非法搬迁应当承担哪些法律责任？

非法搬迁是指实施征收搬迁工作的单位或者个人为迫使被征收人搬迁，对被征收人及被征收房屋采取暴力、威胁或者违反规定中断供水、供热、供气、供电和道路通行等非法方式。根据《国有土地上房屋征收与补偿条例》第 31 条的规定，如果非法搬迁行为造成损失，应当依法承担赔偿责任，包括行政赔偿及可能的民事赔偿。

如果非法搬迁行为是行政机关及其工作人员行使职权进行的，则应当由行政机关承担行政赔偿责任；若损失非由行政机关及其工作人员的职权行为造成，则应当由责任人承担民事赔偿责任。非法搬迁行为如果构成犯罪，如暴力伤害被征收人造成人员伤亡、非法限制被征收人人身自由、故意损坏被征收人财物等的，对直接负责的主管人员和其他直接责任人员应当依法追究刑事责任。非法搬迁行为尚未构成犯罪，但违反了治安管理规定的，对直接负责的主管人员和其他直接责任人员应当依照《治安管理处罚法》的规定予以治安管理处罚。如果非法搬迁行为是行政机关及其工作人员行使职权进行的，即便没有构成犯罪，根据《公务员法》和《行政机关公务员处分条例》等法律法规的规定，对直接负责的主管人员和其他直接责任人员，应当依法给予行政处分，从轻到重包括警告、记过、记大过、降级、撤职、开除六种。

直接负责的主管人员，是指在单位实施的犯罪中起决定、批准、授意、纵容、指挥等作用的人员，一般是单位的主管负责人，包括法定代表人。其他直接责任人员则是指单位内部的非领导成员，他们积极参与了非法搬迁行为且主观上存在过错，在非法搬迁行为的实施中发挥了重要作用。

121. 以暴力、威胁等方式阻碍正常土地征收工作的，应当承担什么责任？

在实践过程中，一些被征收人因认为自身的补偿诉求未得到充分满足，拒绝与房屋征收部门签署房屋征收补偿协议，又不服补偿决定确定的补偿标准，而采取暴力、威胁等方式阻碍房屋征收部门及房屋征收实施单位的正常房屋征收工作。对此，《国有土地上房屋征收与补偿条例》也是明令禁止的。

条例第 32 条规定："采取暴力、威胁等方法阻碍依法进行的房屋征收与补偿工作，构成犯罪的，依法追究刑事责任；构成违反治安管理行为的，依法给予治安管理处罚。"根据《治安管理处罚法》第 50 条的规定，有下列行为之一的，处警告或者 200 元以下罚款；情节严重的，处 5 日以上 10 日以下拘留，可以并处 500 元以下罚款：（1）拒不执行人民政府在紧急状态情况下依法发布的决定、命令的；（2）阻碍国家机关工作人员依法执行职务的；（3）阻碍执行紧急任务的消防车、救护车、工程抢险车、警车等车辆通行的；（4）强行冲闯公安机关设置的警戒带、警戒区的。同时，阻碍人民警察依法执行职务的，从重处罚。房屋征收部门依法进行的房屋征收行为，是其依法执行职务的行为，以暴力、威胁等违法方式阻碍房屋征收工作的，可以依照《治安管理处罚法》予以处罚。同时，根据《刑法》第277条关于妨害公务罪的规定，以暴力、威胁方法阻碍国家机关工作人员依法执行职务的，可以处3年以下有期徒刑、拘役、管制或者罚金。

应当注意的是，尽管对被征收人采取暴力、威胁等方式阻碍依法进行的房屋征收补偿工作的行为应当予以处罚，但房屋征收部门仍然应当依照《国有土地上房屋征收与补偿条例》的规定支付房屋征收补偿费用、提供用于产权调换的房屋和周转用房等，不能因此不支付、少支付或者拖延支付。

122. 非法搬迁造成损失的，应当承担什么赔偿责任？

根据《国有土地上房屋征收与补偿条例》第31条的规定，因暴力、威胁等非法搬迁行为造成损失的，相关责任人应当依法承担赔偿责任。上述规定的赔偿责任，既包括行政赔偿责任，也包括民事赔偿责任。

如果损失是由行政机关及其工作人员行使行政职权的行为造成的，根据《国家赔偿法》第7条的规定，行政机关及其工作人员行使行政职权侵犯公民、法人和其他组织的合法权益造成损害的，应当承担相应的行政赔偿责任。具体来说，如果作出征收决定的市、县级人民政府相关部门及其工作人员的职务行为侵犯了被征收人的合法权益造成损害，则该部门将作为赔偿义务机关；如果两个以上部门共同行使职权的行为造成被征收人合法权益受到损害，则这些部门应当作为共同赔偿义务机关承担行政赔偿责任；房屋征收部门依托房屋征收实施单位实施房屋征收工作的，如果房屋征收实施单位在行使受委托的行政权力时侵犯了被征收人的合法权益造成损害，委托的行政机关，也就是房屋征收部门作为赔偿义务机关。上述赔偿义务机关应当依法承担对被征收人的行政赔偿责任。

根据《国家赔偿法》第5条的规定，具有下列情形之一的，国家不承担赔偿责任：（1）行政机关工作人员实施的与行使职权无关的个人行为；（2）因公民、法人和其他组织自己的行为致使损害发生的；（3）法律规定的其他情形。由此，如果造成损失的非法搬迁行为不是作出房屋征收决定的市、县级人民政府的相关工作部门及其工作人员，或者受委托的房屋征收实施单位及其工作人员作出的，或者虽然由上述单位或工作人员造成损失，但该行为不是他们依据行政职权作出的，相关的机关就不需要承担行政赔偿责任。然而，这并不意味着作出非法搬迁行为的相关单位和人员就不需要承担任何赔偿责任，他们仅不需承担行政赔偿责任，仍应当根据《民法典》等民事法律规范承担相应的民事赔偿责任。

123. 申请行政赔偿应当履行怎样的程序?

根据《国家赔偿法》的规定，在房屋征收工作中受到损失的被征收人有权向赔偿义务机关要求行政赔偿。如果被征收人死亡，他的继承人和其他有抚养关系的亲属有权要求赔偿；被征收主体是法人或其他组织，但依法终止了的，它的权利承受人有权要求赔偿。赔偿请求人的赔偿请求可以单独向赔偿义务机关提出，也可以在申请行政复议或者提起行政诉讼时一并提出，根据受到的损害程度的不同可以同时提出数项赔偿要求。

赔偿请求人要求赔偿应当递交赔偿申请书，申请书应当载明以下内容:（1）受害人的姓名、性别、年龄、工作单位和住所，法人或者其他组织的名称、住所和法定代表人或者主要负责人的姓名、职务;（2）具体的要求、事实根据和理由;（3）申请的年、月、日。赔偿请求人不是受害人本人的，应当在申请书中同时说明与受害人的关系并提供相应的证明。

赔偿义务机关应当自收到申请之日起2个月内，作出是否赔偿的决定。赔偿义务机关作出赔偿决定，应当充分听取赔偿请求人的意见，并可以与赔偿请求人就赔偿方式、赔偿项目和赔偿数额依照《国家赔偿法》第四章的规定进行协商。如果赔偿义务机关决定赔偿，应当制作赔偿决定书，并自作出决定之日起10日内送达赔偿请求人；如果赔偿义务机关决定不予赔偿，应当自作出决定之日起10日内书面通知赔偿请求人，并说明不予赔偿的理由；如果赔偿义务机关在规定期限内未作出是否赔偿的决定，赔偿请求人可以自期限届满之日起3个月内，向人民法院提起诉讼。

同时，若赔偿请求人对赔偿的方式、项目、数额有异议，或者赔偿义务机关作出不予赔偿决定的，赔偿请求人同样可以自赔偿义务机关作出赔偿或者不予赔偿决定之日起3个月内，向人民法院提起诉讼。人民法院应当根据《行政诉讼法》《国家赔偿法》等的规定对赔偿义务机关的决定依法进行审理并作出判决。

赔偿义务机关作出行政赔偿后，应当责令有故意或者重大过失的工作人员或者受委托的组织、个人承担部分或者全部赔偿费用。对有故意或者重大过失的责任人员，有关机关应当依法给予处分；构成犯罪的，应当依法追究刑事责任。

须明确的是，赔偿请求人请求行政赔偿的时效为两年，自其知道或者应当知道行政机关及其工作人员行使职权的行为侵犯其人身权、财产权之日起计算。在申请行政复议或者提起行政诉讼时一并提出赔偿请求的，适用《行政复议法》《行政诉讼法》中有关时效的规定。赔偿请求人在赔偿请求时效的最后6个月内，因不可抗力或者其他障碍不能行使请求权的，时效中止。从中止时效的原因消除之日起，赔偿请求时效期间继续计算。

124. 行政赔偿的方式和范围是怎样的?

根据《国家赔偿法》第四章的规定，行政赔偿以支付赔偿金为主要方式，但能够返还财产或者恢复原状的，也可以予以返还财产或者恢复原状。根据非法征收补偿活动侵犯的被征收人合法权益的不同，行政补偿的范围也有所不同。

非法征收补偿活动侵犯了被征收人的人身自由的，每日赔偿金按照国家上年度职工日平均工资计算。侵犯被征收人生命健康权的，赔偿金按照以下标准计算:（1）造成身体伤害的，应当支付医疗费、护理费，以及赔偿因误工减少的收入。减少的收入每日的赔偿金按照国家上年度职工日平均工资计算，最高额为国家上年度职工年平均工资的5倍。（2）造成部分或者全部丧失劳动能力的，应当支付医疗费、护理费、残疾生活辅助具费、康复费等因残疾而增加的必要支出和继续治疗所必需的费用，以及残疾赔偿金。残疾赔偿金根据丧失劳动能力的程度，按照国家规定的伤残等级确定，最高不超过国家上年度职工年平均工资的20倍。造成全部丧失劳动能力的，对其扶养的无劳动能力的人，还应当支付生活费。（3）造成死亡的，应当支付死亡赔偿金、丧葬费，总额为国家上年度职工年平均工资的20

倍。对死者生前扶养的无劳动能力的人，还应当支付生活费。上述生活费的发放标准，参照当地最低生活保障标准执行。被扶养的人是未成年人的，生活费给付至18周岁止；其他无劳动能力的人，生活费给付至死亡时止。

非法征收补偿活动致人精神损害的，应当在侵权行为影响的范围内，为受害人消除影响，恢复名誉，赔礼道歉；造成严重后果的，应当支付相应的精神损害抚慰金。

若非法扣押了被征收人的财物，应当返还。应当返还的财产损坏的，能够恢复原状的要恢复原状，不能恢复原状的，按照损害程度给付相应的赔偿金。若直接造成被征收人财产毁损，则应当按照直接损失给予赔偿。

125. 贪污、挪用、私分、截留、拖欠征收补偿费用的，应当承担什么法律责任？

贪污、挪用、私分、截留、拖欠征收补偿费用的主体包括作出征收决定的市、县级人民政府及其下属的房屋征收部门、其他有关部门及其工作人员，房屋征收实施单位及其工作人员。

贪污是指利用职务上的便利，侵吞、窃取、骗取或者以其他手段非法占有征收补偿费用。挪用是指利用职务上的便利，将专项用于征收补偿的费用挪作本单位或个人使用，或者用于其他非征收补偿用途。私分是指进行房屋征收补偿工作的上述单位违反国家规定贪污、挪用、私分、截留、拖欠征收补偿费用，将征收补偿费用以单位名义私分给本单位的个人；截留是指利用职务便利，不予下发本单位或本人经手的征收补偿费用，包括不向下级单位转交征收补偿费用，不向被征收人支付征收补偿费用。拖欠则是指迟迟不支付应支付的征收补偿费用，严重逾期。

当出现贪污、挪用、私分、截留、拖欠征收补偿费用的情形时，首先应当采取措施纠正错误行为，尽量避免造成损失。为此，《国有土地上房屋征收与补偿条例》第33条规定应当先责令相关责任单位和责任人改正，追回有关款项，限期退还违法所得，并对有关责任单位通报批评、给予警告。如果上述违法行为造成损失的，责任单位应当依据《国家赔偿法》的有关规定承担行政赔偿责任。同时，对于直接负责的主管人员和其他直接责任人员，应当根据《公务员法》和《行政机关公务员处分条例》等法律法规的规定给予行政处分。如果上述违法行为构成犯罪的，应当依法追究有关工作人员的刑事责任。

126. 贪污征收补偿费用构成犯罪的，如何追究刑事责任？

根据《刑法》第382条的规定，贪污罪是指国家工作人员利用职务上的便利，侵吞、窃取、骗取或者以其他手段非法占有公共财物。同时，受国家机关、国有公司、企业、事业单位、人民团体委托管理、经营国有财产的人员，利用职务上的便利，侵吞、窃取、骗取或者以其他手段非法占有国有财物的，也会被认定为贪污罪。在房屋征收补偿工作中，贪污罪的主体具体包括作出征收决定的市、县级人民政府及其下属的房屋征收部门、其他有关部门及其工作人员，房屋征收实施单位及其工作人员。如果不同单位的工作人员相互勾结，共同实施贪污行为的，以共犯论处。

根据《刑法》第 383 条的规定，如果国家工作人员及其他主体的行为被认定为贪污罪的，根据犯罪情节的轻重，将按照下列规定进行相应的刑事处罚：（1）贪污数额较大或者有其他较重情节的，处 3 年以下有期徒刑或者拘役，并处罚金；（2）贪污数额巨大或者有其他严重情节的，处 3 年以上 10 年以下有期徒刑，并处罚金或者没收财产；（3）贪污数额特别巨大或者有其他特别严重情节的，处 10 年以上有期徒刑或者无期徒刑，并处罚金或者没收财产；数额特别巨大，并使国家和人民利益遭受特别重大损失的，处无期徒刑或者死刑，并处没收财产。同时，对多次贪污未经处理的，按照累计贪污数额处罚。但是，犯贪污罪的人员在提起公诉前如实供述自己罪行、真诚悔罪、积极退赃，避免、减少损害结果的发生，有上述第（1）项规定的情形的，可以从轻、减轻或者免除处罚；有上述第（2）（3）项规定的情形的，可以从轻处罚。犯贪污罪被判处死刑缓期执行的，人民法院根据犯罪情节等情况可以同时决定在其死刑缓期执行二年期满依法减为无期徒刑后，终身监禁，但是不得减刑、假释。

根据《最高人民法院、最高人民检察院关于办理贪污贿赂刑事案件适用法律若干问题的解释》第1条、第2条、第3条的规定，贪污数额在3万元以上不满20万元的，为“数额较大”；贪污数额在20万元以上不满300万元的，为“数额巨大”；贪污数额在300万元以上的，为“数额特别巨大”。其他情节包括以下6种情节：（1）贪污救灾、抢险、防汛、优抚、扶贫、移民、救济、防疫、社会捐助等特定款物的；（2）曾因贪污、受贿、挪用公款受过党纪、行政处分的；（3）曾因故意犯罪受过刑事追究的；（4）赃款赃物用于非法活动的；（5）拒不交待赃款赃物去向或者拒不配合追缴工作，致使无法追缴的；（6）造成恶劣影响或者其他严重后果的。贪污数额在1万元以上不满3万元，具有上述情节之一的，应当认定为“其他较重情节”；贪污数额在10万元以上不满20万元，具有上述情节之一的，应当认定为“其他严重情节”；贪污数额在150万元以上不满300万元，具有上述情节之一的，应当认定为“其他特别严重情节”。

127. 挪用征收补偿费用构成犯罪的，如何追究刑事责任？

根据《刑法》第384条的规定，国家工作人员利用职务上的便利，挪用公款归个人使用，进行非法活动的，或者挪用公款数额较大、进行营利活动的，或者挪用公款数额较大、超过3个月未还的，是挪用公款罪。犯挪用公款罪的，应当处5年以下有期徒刑或者拘役；情节严重的，处5年以上有期徒刑。挪用公款数额巨大不退还的，处10年以上有期徒刑或者无期徒刑。如果挪用救灾、抢险、防汛、优抚、扶贫、移民、救济款物归个人使用的，则要从重处罚。

又根据《最高人民法院、最高人民检察院关于办理贪污贿赂刑事案件适用法律若干问题的解释》第5条的规定，挪用公款归个人使用，进行非法活动，数额在3万元以上的，应当以挪用公款罪追究刑事责任；数额在300万元以上的，应当认定为“数额巨大”。具有下列情形之一的，应当认定为“情节严重”：（1）挪用公款数额在100万元以上的；（2）挪用救灾、抢险、防汛、优抚、扶贫、移民、救济特定款物，数额在50万元以上不满100万元的；（3）挪用公款不退还，数额在50万元以上不满100万元的；（4）其他严重的情节。根据上述解释第6条的规定，挪用公款归个人使用，进行营利活动或者超过3个月未还，数额在5万元以上的，应当认定为“数额较大”；数额在500万元以上的，应当认定为“数额巨大”。具有下列情形之一的，应当认定为“情节严重”：（1）挪用公款数额在200万元以上的；（2）挪用救灾、抢险、防汛、优抚、扶贫、移民、救济特定款物，数额在100万元以上不满200万元的；（3）挪用公款不退还，数额在100万元以上不满200万元的；（4）其他严重的情节。

128. 私分征收补偿费用构成犯罪的，如何追究刑事责任？

在房屋征收补偿中，私分征收补偿费用，是指作出征收决定的市、县级人民政府、房屋征收部门及其他政府部门，以及受房屋征收部门委托的房屋征收实施单位，违反国家规定，以单位名义将征收补偿费用私自分给个人的行为。根据《刑法》第396条的规定，私分国有资产数额较大的，对其直接负责的主管人员和其他直接责任人员，处3年以下有期徒刑或者拘役，并处或者单处罚金；数额巨大的，处3年以上7年以下有期徒刑，并处罚金。

根据《最高人民检察院关于人民检察院直接受理立案侦查案件立案标准的规定（试行）》的规定，私分国有资产10万元是“数额较大”的起点，当房屋征收部门等单位私分征收补偿费用达到10万元时，应当予以立案侦查。立法和实践中对于“数额巨大”并没有具体的标准，在司法实践中存在“不同案件有不同标准、不同地区有不同标准”的现象。“数额巨大”需要在司法裁判中具体认定。在私分征收补偿费用中，直接负责的主管人员是指在私分征收补偿费用行为中负主要决策责任的单位负责人或其他领导人员，具体应包括：（1）直接作出私分决定的单位负责人；（2）直接作出私分决定的单位分管领导；（3）参与集体研究并同意研究决定的领导；（4）具体指挥私分行为的领导。而其他直接责任人员，是指除直接负责的主管人员外，其他对私分行为负有责任的人员，也就是单位犯罪行为的直接实施或协助实施者，包括：（1）提出私分建议并具体策划私分行为的人员；（2）具体组织实施私分行为的人员。

需要注意的是，对于私分征收补偿费用的单位直接负责的主管人员和其他直接责任人员，他们收受、侵吞征收补偿费用的数额达到贪污罪的标准时，同样会触犯贪污罪。根据我国现有刑事法律的规定，他们构成了私分国有资产罪与贪污罪两罪的想象竞合犯，依照“择一重罪处罚”的原则，应以处罚较重的罪名为其定罪并予以处罚。

129. 房地产价格评估机构在房屋估价过程中不得有哪些行为？

房地产价格评估机构作为被征收人选定的，由房屋征收部门委托进行被征收房屋和用于产权调换房屋的价值评估工作的单位，对被征收房屋价值的确定有着重要的影响。为保证征收补偿的公平公正，房地产价格评估机构的评估工作必须独立、客观、公正。《国有土地上房屋征收评估办法》第4条明确规定，房地产价格评估机构不能采取迎合征收当事人（包括征收人与被征收人）不当要求、虚假宣传、恶意低收费等不正当手段承揽房屋征收评估业务。

除《国有土地上房屋征收评估办法》外，《房地产估价机构管理办法》对房地产价格评估机构的禁止行为作出了更为详细的规定。根据《房地产估价机构管理办法》第33条的规定，房地产估价机构不得有下列行为：（1）涂改、倒卖、出租、出借或者以其他形式非法转让资质证书；（2）超越资质等级业务范围承接房地产估价业务；（3）以迎合高估或者低估要求、给予回扣、恶意压低收费等方式进行不正当竞争；（4）违反房地产估价规范和标准；（5）出具有虚假记载、误导性陈述或者重大遗漏的估价报告；（6）擅自设立分支机构；（7）未经委托人书面同意，擅自转让受托的估价业务；（8）法律、法规禁止的其他行为。

在房屋征收补偿工作中，房地产价格评估机构最为严重的不法行为是出具有虚假记载、误导性陈述或者重大遗漏的估价报告，这将直接影响到被征收房屋价值的确定及征收补偿金额的确定。因此，《国有土地上房屋征收与补偿条例》明确规定了房地产价格评估机构出具虚假或者有重大差错的评估报告的，应当承担相应的法律责任。

130. 房地产价格评估机构或房地产估价师违法评估的，需要承担什么法律责任？

房地产价格评估机构或者房地产估价师出具虚假或者有重大差错的评估报告的，将严重影响被征收房屋价值评估的准确性，进而影响到房屋征收补偿的公平与公正。因此，《国有土地上房屋征收与补偿条例》《国有土地上房屋征收评估办法》《房地产估价机构管理办法》等都明令禁止房地产价格评估机构或者房地产估价师出具虚假或者有重大差错的评估报告。

根据上述法律规定，房地产价格评估机构或者房地产估价师出具虚假或者有重大差错的评估报告的，将要承担行政责任、民事责任，甚至刑事责任。

首先，行政责任方面，包括警告、罚款、信用罚及吊销资质证书、注册证书。具体而言，根据《国有土地上房屋征收与补偿条例》第34条的规定，房地产价格评估机构或者房地产估价师有上述行为的，由县级以上地方人民政府房地产主管部门给予警告，责令限期改正，对房地产价格评估机构并处5万元以上20万元以下罚款，对房地产估价师并处1万元以上3万元以下罚款，并记入信用档案；情节严重的，吊销资质证书、注册证书。区分房地产价格评估机构与房地产估价师的罚款额度，是基于两者的过错程度及经济实力作出的规定。

其次，民事责任方面，主要是指民事赔偿责任。房地产价格评估机构或者房地产估价师的上述行为对被征收人及征收人造成实际经济损失的，应当根据《民法典》的规定，承担一定的民事赔偿责任。

最后，刑事责任方面，房地产价格评估机构或者房地产估价师出具虚假的评估报告的，可能构成提供虚假证明文件罪；出具有重大差错的评估报告的，可能构成出具证明文件重大失实罪。根据《刑法》第229条的规定，承担资产评估、验资、验证、会计、审计、法律服务等职责的中介组织的人员故意提供虚假证明文件，情节严重的，处5年以下有期徒刑或者拘役，并处罚金。前述人员索取他人财物或者非法收受他人财物的，处5年以上10年以下有期徒刑，并处罚金。前述人员严重不负责任，出具的证明文件有重大失实，造成严重后果的，处3年以下有期徒刑或者拘役，并处或者单处罚金。